江东村志

LOCAL RECORDS OF JIANGDONG

云南省腾冲市固东镇江东村志编纂委员会　编

图书在版编目（CIP）数据

江东村志 / 云南省腾冲市固东镇江东村志编纂委员会编. -- 北京：方志出版社，2018.11
（中国名村志丛书）
ISBN 978-7-5144-3380-7

Ⅰ. ①江… Ⅱ. ①云… Ⅲ. ①村史—腾冲 Ⅳ. ① K297.45

中国版本图书馆 CIP 数据核字（2018）第 251150 号

· 中国名村志丛书 ·

江东村志

编　　者：	云南省腾冲市固东镇江东村志编纂委员会
责任编辑：	程　倩
出 版 人：	冀祥德
出 版 者：	方志出版社
	地址　北京市朝阳区潘家园东里 9 号（国家方志馆 4 层）
	邮编　100021
	网址　http：//www.fzph.org
发　　行：	方志出版社图书经销中心
	电话　（010）67110500
经　　销：	各地新华书店
排　　版：	北京纺印图文设计制作有限公司
印　　刷：	北京中科印刷有限公司
开　　本：	787×1092　　1/16
印　　张：	13
字　　数：	227 千字
版　　次：	2018 年 11 月第 1 版　　2018 年 11 月第 1 次印刷

ISBN 978-7-5144-3380-7　　　　**定价**：105.00 元

序一

中共十九大报告明确提出："坚定文化自信，推动社会主义文化繁荣兴盛。""没有高度的文化自信，没有文化的繁荣兴盛，就没有中华民族伟大复兴。要坚持中国特色社会主义文化发展道路，激发全民族文化创新创造活力，建设社会主义文化强国。"编修地方志是中华民族千百年来的固有传统，留下了浩如烟海的历史文献，承担着传承中华文明、发掘历史智慧的重任，发挥着存史、育人、资政的作用。

在习近平新时代中国特色社会主义思想指引下，在增强文化自信、推动传统文化创造性转化、创新性发展背景下，全国地方志事业迎来了开拓创新与转型升级的重要机遇期。中国地方志指导小组及其办公室组织实施的中国名村志文化工程，用中国独有的文化载体——地方志，来记录乡村的"名"和"特"，记录乡村全面建成小康社会的进程和取得的成就，是地方志围绕以人民为中心开拓创新的具体举措，是传承乡土文化、坚定文化自信、加快建设社会主义文化强国的内在要求，是服务乡村振兴战略、加快全面建成小康社会、推进社会主义现代化建设、实现中华民族伟大复兴中国梦的应有之义。

实施中国名村志文化工程，是方志人贯彻落实习近平总书记"农村要留得住绿水青山，系得住乡愁"重要讲话精神的重要举措。"望得见山、看得见水、记得住乡愁……"习近平总书记用诗意的语言为中国的新农村建设指明了方向。开展新农村建设、美丽乡村建设，一定要把绿水青山保留下来，尽可能在原有村庄形态上改善农民生活条件，不盲目拆旧，也不盲目造新，让家乡的每一条河、每一棵树、每一口井，都能永远成为我们的乡愁。这是我们弘扬传统、面向未来的底气所在。那么，如何留住乡音、乡风、乡思，继承传统文化菁华，挖掘历史智慧，成为极其重要的工作。实施中国名村志文化工程，保护抢救、传承保存、开发利用宝贵的村落文化，重新唤起人们记忆中古老村落的青山绿水、小河大树、轶事掌故，打造完整记录乡村发展嬗变和现代化农村经济社会运行模式的系列中国名村志丛书，让乡土文化回归并为困惑的当代人提供精神家园，让农耕文化的优秀菁华成为建构农村文明的底色，无疑具有重要的现实意义和深远的历史意义。

实施中国名村志文化工程，是方志人贯彻落实党中央乡村振兴战略的鲜活实践。中共十八大以来，以习近平同志为核心的党中央高度重视农业、农村、农民工作，提出了许多新理念、新思想、新战略，特别是中共十九大报告作出实施乡村振兴战略的重大部署。2018 年 9 月 26 日，中共中央、国务院印发《乡村振兴战略规划（2018—2022 年）》，明确提出“鼓励乡村史志修编”。深入推进中国名村志文化工程，有利于全面翔实记录乡村振兴进程，客观记载地理环境、历史沿革、姓氏源流、人口、民族、方言、民居、宗祠、风俗习惯、家谱族谱、家规族规、宗教信仰、文物遗址、掌故传说、历史事件、人物等，完整保留乡土文化的原貌。所有这些工作，可以为延伸地方志工作触角，充分发挥志书存史、育人、资政功能提供借鉴；可以为社会各界和华人华侨、港澳台同胞寻根问祖、反哺桑梓、泽被乡里提供帮助。依托中国名村志文化工程的重要平台与载体，乡村振兴战略下的现代乡村将进一步挖掘自身独特内涵，彰显其新时代的作用及意义。

中国名村志文化工程从新时代中国特色社会主义的新需求出发，创新体例，立足实际，内容既严谨又通俗，展示了不同地区自然和社会风貌，在坚持志体基础上运用专题报告、回忆录、人物访谈、新闻资料等多种手法，重点介绍农村地区在转型发展方面的探索、示范、引领意义，对于不断提高地方志事业围绕中心服务大局的能力，为乡村改革发展贡献历史智慧，讲好中国故事，彰显中国软实力，增强“四个自信”等方面具有积极意义。

两年来，在借鉴中国名镇志丛书及各地乡镇（村）志宝贵编纂经验的基础上，中国名村志丛书编修不断取得丰硕成果，产生了良好的社会效益，新一批中国名村志的申报数量、覆盖范围延续强劲增长态势，充分体现出强大的内生动力。下一步，要总结经验、把握规律，为服务国家城镇化建设和乡村振兴战略打造更多优秀文明成果，推动中华优秀传统文化创造性转化和创新性发展，从中提炼出适合新时代、新形势、新变化、新要求的文化精髓，展现中国方志的当代价值和世界意义。

是为序。

中国社会科学院院长
中国地方志指导小组组长　　谢伏瞻

◉ 序二

连绵不断地编修地方志是中国独有的优秀文化传统，承担着赓续文明、传承文化的重任。保存至今的8000余种、10万余卷历代方志，蕴含着传统文化基因和海量文化信息，既是中华优秀传统文化的重要组成部分，又是传承、彰显中华优秀传统文化的重要载体。

在各种类型的地方志编纂中，村志编纂古已有之，但从未进入国家层面的地方志编纂序列。新中国成立以来，党中央、国务院高度重视包括村志编纂在内的地方志工作，出台了重要文件。中央领导发表了重要讲话、作出了重要批示。习近平总书记高度重视包括村志编纂在内的地方志工作。2004年10月，他在担任浙江省委书记时到江山市凤林镇白沙村考察，看到村民编纂的《白沙村志》，鼓励村民把村志继续编纂下去。2014年4月，刘延东副总理在与第五次全国地方志工作会议部分会议代表座谈时指出："要结合发展的新形势，加强对地方志包括部门志、行业志、专题志、乡镇村志编纂的业务指导和服务。"2015年8月，国务院办公厅印发的《全国地方志事业发展规划纲要（2015—2020年）》，正式将中国名村志文化工程列为主要任务之一。2017年5月，中共中央办公厅、国务院办公厅印发的《国家"十三五"时期文化发展改革规划纲要》指出："完成省、市、县三级地方志书出版工作。开展旧志整理和部分有条件的镇志、村志编纂。"可以说，村志编纂迎来了历史上的最好时期。

农业、农村、农民"三农"问题，是数千年来影响中国社会发展最核心的问题。中共中央高度重视"三农"工作，从2004年起，连续13年，每年的中央1号文件都聚焦"三农"。中共十九大报告更是提出"农业农村农民问题是关系国计民生的根本性问题，必须始终把解决好'三农'问题作为全党工作重中之重"，特别是提出了"乡村振兴战略"，这是中国共产党在中国特色社会主义进入新时代后，对农村发展问题所做出的准确把握和与时俱进的战略应对，是建设中国特色社会主义强国战略的重要组成部分。改革开放近40年来，在党中央、国务院高度重视社会主义新农村建设的新形势下，各地涌现出一大批历史文化名村、经济强村、新农村建设示范（试点）村、美丽乡村和特色村，成为先进生产力和先进文化的代表。客观记录中国农村全面建成小康社会的进程，向后人展示在中国共产党领导下农村千年未有的巨变，是地方志工作者肩负的光荣而重大的历史使命。编纂中国名村志丛书，是记载当代中国农村发展变革的重要途径。

文化寻根，寻的是其发展的源头和根基。村落是中国传统文化的根基所在。农村的生产生活方式、社会规范、宗族文化、宗教文化、民风习俗、传统节日、民间艺术等，无不镌刻着中国人独特的民族性格，这就是家国情怀、文脉绵延、精神归属。在快速城镇化进程的冲击和开发性破坏下，大量传统村落面临消亡的危机，村落蕴含的历史文化信息也流失殆尽，抢救性保护刻不容缓。编纂中国名村志丛书，是保存村落历史文化信息，抢救、保护村落文化最好的方式。

一方水土养一方人。家乡的山水草木、村间小巷、乡俗民情会在每个人心头留下深刻的烙印，这就是故土情结。而村落的形成与发展离不开人的活动。编纂中国名村志丛书，通过记述村落建筑、名门望族来追溯村落的历史；通过记述村落规模、布局、人口、物产等反映人口来源、宗族兴衰、生活习惯、文化背景、宗教信仰、经济发展等，体现环境与人相互影响、相互作用、相互发展的既矛盾又统一的关系；通过记述戏剧、音乐、舞蹈、美术、文学、手工技艺等文化形式，展示百姓在长期的生产生活实践中摸索和总结出的智慧结晶，强化人们沟通感情的纽带。编纂中国名村志丛书，是传承乡俗、诉说乡音、记住乡愁、纾解乡思，激活历史传统、唤起共同文化记忆、塑造共同心灵认同的重要文化工程。

中国名村志文化工程以践行文化自信、传承中华文脉、彰显时代发展为己任，以打造全国地方志系统的重要品牌为目标，在体裁运用、篇目设置、资料选择等方面进行大量的创新，突出“名”和“特”，拣选各个名村中最值得记述、最具有代表性的人、事、物，予以浓墨重彩的描画，从而形成系列的、高质量的、可读性强、雅俗共赏的地方志读本，让地方志紧接地气、贴近百姓，让地方志成果进入寻常百姓家，让人民群众共享地方志成果，让越来越多的人从地方志中感知传统、历史和记忆，成为传统村落和传统文化的守护者，成为中华优秀文化的传承者。

是为序。

中国社会科学院原院长
中国地方志指导小组原组长　王伟光

◉ 序三

习近平总书记指出："让居民望得见山，看得见水，记得住乡愁。"这句富有诗意的重要论述不仅唤醒了中国人城镇化建设过程中对于人和自然关系、人和历史关系的思考，同时也引发了学界对"乡愁"进一步进行文化意义解读的兴趣。从本质上看，乡愁是一种源自主体体验的情感，隐含了一种人们带着乡愁追寻自我生存与生命意义、追寻诗意栖居的精神家园的美学思辨。同时，这种追寻自我生存的主体逐渐转向大众群体，乡愁也由传统单一的"文化乡愁""爱国情怀"演变为对于"理想家园"的精神追求。

中国有近 60 万个村庄，约有 5000 个古村落，被住房城乡建设部和国家文物局界定的传统村落就有 1561 个。随着中国城镇化步伐的加快，乡村的版图日渐凋敝，大批农村青壮年劳动力走进城镇，融入了新的生活。然而，每逢传统佳节，那种挥之不去的离愁别绪挟裹着亿万农民工，又融入了返乡的滚滚洪流。这是乡愁的情愫牵动着他们，是故乡的山、故乡的水、故乡的老屋、故乡的小吃在牵动着他们，是故乡家家户户的楹联和口口相传的故事，以及只有在隆重的传统佳节才有的古老的民风习俗在牵动着他们。

文化可以体现一个民族、一个国家、一个社会的重量与体温，这是文化的力量之所在，而村落是传统中国的根脉所系，乡土社会是最能够体现中国传统文化特征的地方。梁漱溟曾指出："中国文化是以乡村为本，以乡村为重，所以中国文化的根就是乡村。"我曾在《建设社会主义新农村的理论与实践》一书中指出，在新农村建设的过程中，必须"保护和发展有地方和民族特色的优秀传统文化，创新农村文化生活的载体和手段，满足农民群众多层次、多方面的精神文化需求"，而编纂村志尤其是实施中国名村志文化工程就是一个重要举措。实施中国名村志文化工程，编纂中国名村志丛书，以最基层的村落为研究对象，寻根传统村落的历史，梳理村落的发展脉络，以唤起人们的归属感和认同感，探索新型城镇化和社会主义新农村建设过程中，如何留住乡音、乡风、乡思，继承传统文化精华，挖掘丰富历史智慧，是贯彻落实中央城镇化工作会议精神和中共十九大提出的“乡村振兴战略”的重要举措，是当前和今后一个时期全国地方志工作者的重要工作。

虽然村落文化正在日益远离当下生活，但我们可以抓住诸如基本村情、文物胜迹、古村保护、特色文化、旅游名胜、村域经济、风土民情、村民生活、新农村建设、艺文杂记、名人与名村等关键内容，通过志书的手法来诠释乡村文化的精华。我们如实记录着村落里的人和事，以及青山绿水、小河大树、袅袅炊烟，力争以最完整、最原真的方式呈现村落的前世今生。我们要为“迷失”的人留住乡村文化的根脉，让人们难以割舍的乡愁得以慰藉和释放。

中国名村志文化工程将触角伸向那些极具代表性的村落，它们有的历史悠久、名人辈出，有的经济腾飞、重获新生，有的风景秀丽、景观独特，有的地处边陲、神秘莫测……我们挖掘中国不同类型村落的发展之路，为探索新型城镇化和社会主义新农村建设的发展经验、发展模式、前进道路提供历史智慧和现实借鉴。因此，打造以重在表现乡村嬗变为主旨的中国名村志丛书十分必要和迫切，这是一项功在当代、利在千秋的文化工程。

近年来，随着中国经济社会的发展和国际地位的提高，越来越多的人想要认识中国、了解中国、研究中国。在这样的形势下，乡村是不可或缺的一环，我们要集中讲好发生在乡村的故事，向世界呈现一个多元的、立体的中国。乡村历经岁月变迁的风雨，见证着改革开放的步伐，寄托着数代中国人的情感。发生在乡村的故事无疑是血肉丰满的、震撼人心的、引起共鸣的。我们应该有这个自信能够讲好乡村故事，讲好中国故事，描绘出中国的底色，“让每一个中国人都能在地方志中找到自己的位置”。

可喜的是，越来越多的有识之士认识到了这一点，加入到保护、传承、发展村落文化的队伍中来。仅就编纂中国名村志丛书来看，第一批的申报范围就涵盖包括香港特别行政区在内的32个地区，申报数量高达70余部。“直笔著信史，彰善引风气，为当代提供资政辅治之参考，为后世留下堪存堪鉴之记述”，这是我们的初心和使命。希望中国名村志文化工程的实施，能够带动更多的人关注中国乡村文化，为社会主义文化强国建设作出更大的贡献。也希望越来越多的名村都来融入继承中华文化传统、颂扬中华传统文化的活动中，让正能量更多地润泽温暖人们的心灵，让更多的人“记得住乡愁”！

是为序。

中国社会科学院副院长
中国地方志指导小组常务副组长
李培林

◉ 云南省腾冲市固东镇江东村志编纂委员会

主　任　杨金凯

副主任　段其孝　李彬仁

委　员　尹芙蓉　黄之毅　陈安中　黄超金

　　　　黄贤志　尹正全

◉ 云南省腾冲市固东镇江东村志编辑部

顾　　问　杨艳萍　刘正龙

主　　编　廖宁昌

编　　辑　陈雨飞　黄之毅　赵国兴　黄之鹏

　　　　　赵兴丽　杨艳宗　李燕滔　李根志

　　　　　杨生聪　柴嘉张　严正顺

图片资料　黄之毅　黄安镇　黄明金　黄全中

　　　　　陈自逵　杨体助　黄之瑜　杜小红

　　　　　马景良　王立权　解宏伟　董子凡

　　　　　谢　罡　段其集　刘正凡　李　黎

　　　　　李　鹏　杨云川　李绍伟　鲁　滔

　　　　　杨　吉　钏思伟　张　黎　黄爱萍

终　　审　袁丽萍　赵　芳　方爱琴　张炳贵

银杏金黄（2014年）

◉ 中国名村志丛书凡例

一、以马克思列宁主义、毛泽东思想、邓小平理论、“三个代表”重要思想、科学发展观、习近平新时代中国特色社会主义思想为指导，坚持辩证唯物主义和历史唯物主义的立场、观点和方法，存真求实，全面、客观、系统记述中国名村村落发展变化进程和改革开放成果，传承和抢救乡土历史文化，激发爱国爱乡情怀，留住乡愁，为探索中国特色新型城镇化建设、服务乡村振兴战略提供历史智慧和现实借鉴。

二、为全面反映入志事物发展脉络，各志上限尽量追溯至事物发端，下限一般断至各村志启动编修年份，个别重大事项可延至搁笔。详今明古，着重反映时代特色和地方特点，重点体现各村的“名”与“特”。

三、记述地域范围以下限年份的行政辖区为主。为体现名村在更大区域内的意义，可以从更开阔的区域视野记述与该村相关的内容。

四、统一采用纲目体，设类目、分目、条目三个层次。横排门类，纵述史实，述而不论。

五、综合运用述、记、志、传、图、表、录等各种体裁，以志体为主。体裁运用适当创新，篇目设置不求面面俱到，一般意义上的村级内容略去不载。

六、除引用文字和附录文献资料外，统一使用规范的现代语体文记述，行文力求朴实、严谨、简洁、流畅、优美，具有较强可读性。

七、人物部类遵循“生不立传”原则，人物传主按生年排序，只选录对本村发展有重大影响的人物，不面面俱到。

八、各项数据一般采用国家统计部门数据。数据缺乏的，采用主管部门或主办单位正式提供的数据。

九、数字用法、标点符号、计量单位分别执行国家标准《出版物上数字用法》

（GB/T 15835—2011）、《标点符号用法》（GB/T 15834—2011）、《国际单位制及其应用》（GB 3100—1993）和《有关量、单位、符号的一般原则》（GB 3101—1993）。历史上使用的计量单位，如斗、石、里、尺、磅、华氏度等，在引文时可照录。考虑到社会使用习惯，全书中亩不统一换算。

十、中华民国成立前的纪年，使用朝代年号纪年，括注公元年份；中华民国成立后的纪年，均使用公元纪年。志中所称“解放前（后）”，以该村解放日为界；“新中国成立前（后）”，以中华人民共和国成立日 1949 年 10 月 1 日为界；“改革开放前（后）”，以 1978 年 12 月中共十一届三中全会召开为界。本志“×× 年代”，凡未加世纪者，均指 20 世纪。

十一、为节省篇幅，避免重复，本志采用条目互见法。参见条目的表示形式为：参见本志“×× 类目·×× 分目·×× 条目”。

十二、对旧志、古籍中的繁体字、冷僻字一般用简化字或通用字替换，易引起误解的则保留。

十三、记述各个历史时期的党派、机构、职务、地名等，均以当时的名称为准。对频繁使用的名称，首次用全称并括注简称，其后用简称。

十四、各村志需要单独说明的事项，均在各自编纂始末中记述。

江东村在中国的位置

乌鲁木齐
新疆维吾尔自治区
西藏自治区
拉萨
青海省
西宁
甘肃省
兰州
宁夏回族自治区
银川
内蒙古自治区
呼和浩特
黑龙江省
哈尔滨
吉林省
长春
辽宁省
沈阳
北京市
北京
天津市
天津
河北省
石家庄
山西省
太原
陕西省
西安
山东省
济南
河南省
郑州
江苏省
南京
安徽省
合肥
上海市
上海
浙江省
杭州
湖北省
武汉
四川省
成都
重庆市
重庆
贵州省
贵阳
湖南省
长沙
江西省
南昌
福建省
福州
云南省
昆明
江东村
腾冲
广西壮族自治区
南宁
广东省
广州
香港
澳门
海南省
海口
海南岛
台湾省
台北
台湾岛
钓鱼岛
赤尾屿
东沙群岛
西沙群岛
永兴岛
中沙群岛
黄岩岛
南沙群岛
曾母暗沙
黄河
长江
渤海
黄海
东海
南海
图例
北京 首都
天津 省级行政中心
未定 国界
省、自治区、直辖市界
特别行政区界
名村所在县级区域
名村
1：32 000 000
审图号：GS（2018）2667 号

江东村在云南省的位置

图 例

- 昆明 省级行政中心
- 玉溪 地级市行政中心
- 文山 自治州行政中心
- 华宁 县级行政中心
- 省界
- 地级市界
- 名村所在县级区域
- 名村所在乡镇
- 名村

1 : 5 790 000

审图号：GS（2018）2667 号

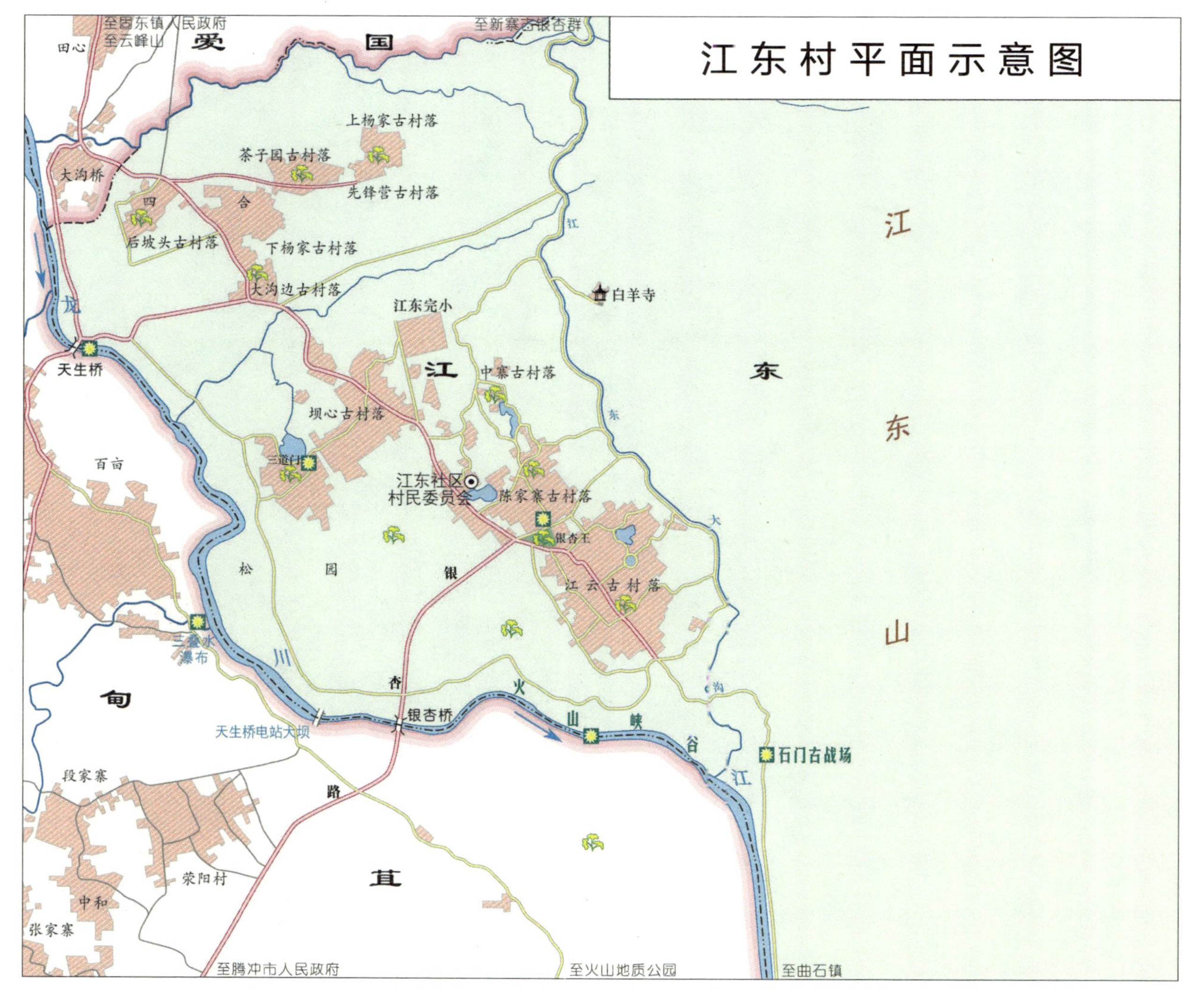

江东村平面示意图
至固东镇人民政府
至云峰山
田心
爱
国
至新寨古银杏群
上杨家古村落
茶子园古村落
先锋营古村落
大沟桥
四
合
后坡头古村落
下杨家古村落
大沟边古村落
江
白羊寺
江东完小
龙
天生桥
江
中寨古村落
东
东
坝心古村落
百亩
三道门
江东社区
村民委员会
陈家寨古村落
银杏王
大
松
园
银
江云古村落
山
三叠水
瀑布
川
杏
火
沟
甸
银杏桥
山
峡
天生桥电站大坝
谷
石门古战场
江
段家寨
路
荣阳村
苴
中和
张家寨
至腾冲市人民政府
至火山地质公园
至曲石镇

江东村航拍图（2014年）

江东之春（2009年）

江东之夏（2009年）

江东之秋（2014年）

江东之冬（2016 年）

江东之彩（2007年）

江东秋韵（2012 年）

目录

天人合一的腾冲古银杏村

江东村，云南省腾冲市固东镇的一个古老村落，因位于龙川江东岸而得名。江东村以银杏满村而闻名遐迩，故又名银杏村。春夏之交，满村苍翠欲滴，硕果压枝；秋冬之际，江东是一个神秘壮观的黄金世界，古木参天。进入村庄，仿佛置身于人与自然相生相融的诗情画境，仿佛穿越时空，回到了一个遥远的、人类记忆中的故乡。

一

江东村隶属云南省腾冲市固东镇，因位于龙川江东岸而得名。该村坐落在古老的火山熔岩台地上，东有江东山，横亘天半，雄峻绵延。东接曲石镇山林坡地；南与串珠状的腾冲火山群隔岸相望；西临龙川江大峡谷；北连界头镇、明光镇的丛林峰壑。距腾冲市人民政府 35 千米。全村总面积 35.42 平方千米。2016 年，全村有 1021 户、4012 人；村民以汉族为主。辖 19 个村民小组，划分为江云、陈家寨、坝心、四合 4 个自然村。村内有江云、陈家寨、坝心、中寨、上杨家、下杨家、后坡头、茶子园、大沟边、先锋营 10 个古村落。

银杏掩映下的古村小径

江东村为半山半坝区，属北亚热带到南温带气候类型，气候宜人，冬无严寒，夏无酷暑，雨量充沛。年平均气温 13.8℃，年均降水量 1469.4 毫米，年均日照 2148 小时，年均相对湿度 76%，适合人类居住。主要物产有银杏、粮油、烤烟、核桃、菌类、药材等。

二

江东村历史悠久。宋元时期，曾有少数民族在此居住。明洪武至正统年间，江东黄、陈、杨、张四姓的先祖分别从湖南、四川、江苏等地以军职奉调到腾冲，屯垦戍边，并先后落籍于此，开枝散叶，繁衍生息。明万历年间（1573—1620），在江东设赤石屯，屯兵戍守。600 年来，江东人世世代代固守着中原汉民族的传统文化和古老习俗。很多在现代都市早已消失的古道民风，在江东仍得以完整保存和传承。

走进江东村，一种自然、质朴、淳厚的乡土气息扑面而来，令人油然而生“衣冠简朴古风存”之叹。

十个古村落星罗棋布于山水之间，村寨相互连通又各自独立。尽管经过新农村建设、美丽乡村建设，村庄基础设施大为改善，但村落的总体格局和建筑风格并没有改变，依然是随形就势、自然分布；依然是木、石、砖结构，青砖木楼，矮墙疏篱，曲径回环，银杏掩映。每个自然古村落、每户人家的建筑布局和样式，都有各自的个性，形成一村一景、一户一景、一步一景的乡村景观，尽显生态园林之美。肃穆的宗祠、厚重的族谱、严肃的家训家规，以及家家供奉“天地君（国）亲师”、历代宗亲、土地、灶

诗画田园

君之神的“家堂牌”，无不体现出江东人卫国戍边、慎终追远的家国情怀。春秋祭祀，四时节庆，红白喜事，办学育人，传递着江东人崇文尚礼、耕读传家的传统美德和淳厚乡风。银杏宴席、江东锅子、焐猪肉等独具特色的农家菜，彰显着江东人高超的烹调技艺和古道热肠。绒绣、皮影、山歌等民间艺术，展示着江东人古朴通灵的审美情趣和乐观向上、昂扬奋发的精神风貌。

三

“村在林中，林在村中，人在画中”，是江东的最大特色。满村银杏，环屋成林，匝道覆荫，流金溢彩，蔚为奇观，不愧“天人合一银杏村”之美誉。

腾冲地区，本无原生银杏。600 年前，江东村先祖为戍守边疆，万里远征到此，银杏也随之扎根于这片西南之地。在江东大地上，古银杏拔地参天，生生不息，成片成林，叶茂枝繁。银杏在全村十个古村落均有分布，面积 3000 余亩 4 万余株，其中树龄 300 年以上的有 200 余株。江东村银杏种类按树冠形状分，有塔形银杏、立枝银杏、垂枝银杏。按种子分类，有长子银杏、圆子银杏、佛手银杏、飞边银杏等类型。其果实特点圆亮而大，色白亮，味香甜糯，是银杏中的上品，具有较高的食用价值、药用价值和美容养颜功效。银杏为江东村民带来了可观的经济收入，被称为“摇钱树”。在长期的生活实践中，江东人创制出具有养生保健作用的银杏宴席，色、香、味俱全，备受游客青睐。

被称为“公孙树”的银杏，挂果周期长。银杏树生长较慢，寿命极长，自然条件下从栽种到结果要 30 多年，故被称作“公孙树”，意为祖辈种而子孙得食。世世代代的江东人，一直奉行着“前人栽树，后人乘凉”的古训，子子孙孙，栽树不止。经六百年之辛勤，历六百年之风雨，造就了缀玉披金的杏林秋色景观。十里花道，银杏画廊，人与银杏相生相长，相依相伴，相映成趣，相得益彰。江东银杏林古朴而奢华，令人叹为观止，流连忘返。这一道独特的风景，体现了人与自然的高度和谐，体现了江东人用勤劳的双手建设美好家园的优秀传统和创造精神，记录着中原文化的根脉，承载着强大的生命和悠悠乡愁。

四

江东村景外有景，四周山水，美不胜收，是科研、考古、探险、旅行的理想之地。

江东村与甸苴村之间的龙川江火山峡谷，是火山及水流运动造就的地质奇观。江东坝子和甸苴坝子原为火山喷发形成的同一熔岩台地。经过亿万年的江水切割，形成了一条陡然深陷的峡谷地带，两岸壁立千仞，由千奇百怪的火山石柱状节理构成。江水凝碧，风景奇险幽曲。由北至南，依次有双虹锁龙、叠水飞瀑、松间月照、栈道斜阳、白羊禅音、雾笼田园、银杏人家、峡谷春晓等奇特景观。

在村之东面，江东山横亘天半，翠色欲流，犹如一道翡翠屏障，拱卫着世外桃源般的古村落。江东山是高黎贡山支脉，峰峦错落，植被丰茂，风光秀美。山体多为石灰岩构成，溶洞遍布。较大的溶洞有 30 多个，有的深不见底，有的曲折深幽，莫穷端倪。洞中有地下暗河、地下湖泊，神秘莫测。溶洞中曾发现古象、熊猫等古生物化石。多年来，江东山溶洞吸引着人们到此寻幽探秘。江东山上建有花台寺、观音寺，江东山麓建有白羊古刹，香客络绎。

在江东山南岭，有古道翻山而过进入江东村。山上有石门古关，古关上下，均为悬崖绝壁，为天堑要塞。古代守关者，为江东先人。此处多次发生过战事，因而又称石门古战场。据载，明正统年间（1436—1449），麓川土司思任发反叛，石门屯军与叛军在此激战，全部为国捐躯，留下“鬼磨针”的传说。江东村人为纪念英勇殉国的英烈先祖，在此立碑塑像，年年祭祀，世代香火不绝。到此登临凭吊，忆当年血战，壮怀激烈，风萧石响，喊杀之声犹如在耳，令人发思古之幽情。

五

改革开放以来，江东村的水利电力、交通通信、社会事业等基础设施建设得到了较大改观，农业、林业、畜牧业发展迅速，教育、文化、卫生跃上新台阶。特别是自 2007 年启动乡村旅游开发以来，江东村实现了从单纯的传统农业生产转型到发展乡村旅游业的飞跃。2009 年，成立腾冲江东古银杏文化旅游发展有限公司。2015 年，成立腾冲四季江东景区开发管理有限责任公司，为云南省首家村民全民持股的旅游有限公司。同年，江东村荣获首批“中国乡村旅游模范村”称号。2017 年，荣获农业部“中国美丽休闲乡村”称号。江东村人秉持“保护生态、浮现人文、塑造典范、回归自然”的理念，充分挖掘天人合一、道法自然、人与自然和谐发展的元素，步入旅游市场化运作的轨道，与新时代中国特色社会主义乡村振兴战略并驾齐驱，各行各业蓬勃发展，村民生活日新月异、蒸蒸日上。

万千银杏，生机无限；人与自然，交相辉映。

历经 600 年风雨沧桑，深藏于万山丛中的江东村，是“桃花源”的现代版，是人们心灵的故乡，是天人合一的诗画田园。

乡村生活（2010 年）

悠然（2010 年）

古林村居（2009年）

基本村情

关山巍峨，古道悠悠。天造地设，位居火山台地上；流金溢彩，家在江东银杏村。六百年戍边屯垦，筚路蓝缕，缔造艰难。风雨沧桑，春秋迭代；一方胜景，风光独占。天地人和，万千气象；人类记忆，故里家园。

江东村位于云南省腾冲市固东镇东部，东为高黎贡山支脉江东山，距腾冲市人民政府 35 千米，距固东镇人民政府 6 千米，总面积 35.42 平方千米。全村辖 19 个村民小组，人口 1021 户、4012 人。2015 年，江东村入选首批“中国乡村旅游模范村”。2017 年，被农业部授予“中国美丽休闲乡村”称号，被中国林学会授予“中国最美银杏村落”称号。

地理位置

地理坐标　位于云南省腾冲市固东镇江东社区，村委会驻地陈家寨小松园，坐标北纬 25° 27′ ~ 25° 42′，东经 98° 50′ ~ 98° 58′。

村域四至　江东村东接界头清水河村，南接曲石江南村，西与甸苴村隔江相望，北接爱国村，并与界头镇、明光镇山水相连。

火山群远眺（2015 年）

历史沿革

建置沿革 江东村历史悠久。宋元时期，曾有少数民族在此居住。

秦时，腾冲为嶲唐部族活动区域。西汉时称滇越国（又称乘象国），属益州郡。东汉永平十二年（69）在怒江以西地区（含今德宏州、腾冲、龙陵）置哀牢县，属永昌郡，直至魏晋。

隋朝，腾冲属益州濮部（又记朴子部族），唐南诏时期（779—937）为越赕地，属永昌节度。大理段氏时期（938—1093），置“软化府”；大理段氏后期（1096—1253）设藤充府。

元宪宗三年（1253），设腾冲府，隶属大理路。元至元十四年（1277）固东曾设顺江州，江东为顺江州所辖。

明洪武十五年（1382），明朝军队攻占云南，结束元朝对云南的统治，设腾冲府，隶属云南布政司。明朝实行军政合一的屯甸制，万历年间（1573—1620）在江东设屯，称赤石屯。江云、陈家寨、坝心、四合为上半屯，下半屯为现在的爱国村。

清道光二年（1822），改设练田制，腾越厅辖18练，江东为大西练所辖，为第八甲赤石坪。

1912年，改腾越厅为腾冲县，增设腾冲府。

1913年，改腾冲府为腾冲县（一等县）。

1913年，腾冲县辖18练，江东为大西练所辖。

1929年，实行省、县两级制，腾冲县下设5个区、34个乡、5个镇，江东为第四区（共14个乡、2个镇）江龙镇所辖。

1939年，腾冲县下设5个区、25个乡、5个镇，江东为第四区（共5个乡、2个镇）江龙镇所辖。

1944年，腾冲县辖4个镇、22个乡，江东为东坪乡所辖。

1949年12月15日，腾冲解放，以原26个乡镇为基础，设立26个小区、2个直属村。江东属东坪小区所辖。

1950年10月，腾冲全县设10个区，区下设1个镇、2个乡、106个行政村。固东为第五区（下设12个行政村），江东为第一村。

1952年，腾冲县调整行政区划，全县共设10个区、184个乡镇。固东为五区（下设 13 个乡），江东乡为五区所辖。

1955 年，全县对乡镇进行调整，将部分小乡进行合并，全县共设 9 个区、1 个镇，下辖 94 个乡（镇）、6 个办事处。固东为五区（辖 8 个乡），江东并入五区甸苴乡。

1958 年 11 月，全县实行人民公社化，年底共有 16 个人民公社。固东为和平人民公社。

1959 年 3 月，全县调整为 33 个公社、191 个管理区。固东为固东公社，江东与甸苴分开后并入爱国，设立管理区。

1960 年，实行以“队为基础，三级所有”的生产队核算分配单位体制，划分生产队。江东分为先锋营、上杨家、下杨家、后坡头、大沟边、月台、寨子脚、坡头、面排、寨子头、陈一、陈二、陈三、小沟、里海、秋脚、海子、沙沟 18 个生产队。

1961 年，江东与爱国分开。

1962 年 3 月，全县调整为 40 个人民公社、410 个大队、2358 个生产队。9 月设江东大队，实行四固定（劳动力、土地、耕畜、农具固定给生产队使用）的制度。

1963 年 1 月，全县调整为 14 个区、3 个直属公社、149 个小公社 2370 个生产队。固东区辖 11 个小公社，江东为小公社。

1964 年，全县调整为 21 个区（大公社）、192 个小公社（大队）、6 个街道办事处。固东区辖 11 个小公社，江东为小公社。

1969 年“文化大革命”期间，成立革命委员会。江东组建大生产队，将原来的 18 个生产队合并为 8 个生产队，先锋营、上杨家合并为高锋，下杨家、大沟边合并为向阳，后坡头为卫东，月台、寨子脚合并为团结，坡头、面排、寨子头合并为永红，陈一、陈二、陈三合并为燎原，小沟、里海、秋脚合并为红星，海子、沙沟合并为红旗。

1978 年，各生产队又分开，还原成原来的 18 个生产队。原寨子头生产队分为寨子头和小园子两个生产队，形成 19 个生产队。

1984 年 4 月，公社改区，大队改乡，实行区乡制。全县设 19 区、1 镇、1 乡（区级），下辖 206 个乡（其中民族乡 14 个）、7 个镇、6 个街道办事处、5 个农村办事处。固东区辖 1 镇 8 乡。江东为乡（小乡），下设江云、陈家寨、坝心、四合 4 个小村民委员会，小村民委员会下设 19 个村民小组。

1988 年 1 月，固东区改为固东镇，江东小乡改为江东办事处。

2000 年 10 月，实行村民自治，江东办事处改为江东村民委员会，撤销原 4 个小村民委员会，设 4 个经济管理委员会，管理原小村民委员会集体资金、资产、资源。

村在林中

2008 年，江东村民委员会改为江东社区村民委员会，江东党支部改为江东党总支。2016 年，江东村设有中国共产党江东社区党总支部委员会、村民委员会、村务监督委员会、共青团江东支部委员会、江东社区妇女联合会。自然村设江云、陈家寨、坝心、四合 4 个支部委员会、4 个经济管理委员会。

村名由来 因该村坐落在龙川江东岸，故名江东。

村落组成 2016 年，江东村辖 19 个村民小组，划分为江云、陈家寨、坝心、四合 4 个自然村。村内有江云、陈家寨、坝心、中寨、上杨家、下杨家、后坡头、茶子园、大沟边、先锋营 10 个古村落。其中，江云自然村辖小沟、里海、秋脚、海子、沙沟 5 个村民小组，陈家寨自然村辖陈一、陈二、陈三 3 个村民小组，坝心自然村辖月台、寨子脚、坡头、面排、小园子、寨子头 6 个村民小组，四合自然村辖上杨家、下杨家、后坡头、大沟边、先锋营 5 个村民小组。

村巷（2011 年）

自然环境

地形地貌

江东属固东镇内半山半坝村，地形为多边状，地势东高西低。东为江东山，西部为火山台地，龙川江自西北向东南环江东火山台地，形成峡谷。江东最高海拔为江东山大地山顶，海拔 2660.1 米；最低海拔为龙川江龙马跳，海拔 1670 米。

江东山　江东山为高黎贡山支脉，南北走向，层峦叠嶂，起伏连绵，贯穿江东东部，向北部延伸至界头、明光，到南止于龙川江大峡谷。江东山属于石灰岩沉积山脉，喀斯特地貌特征明显，遍布溶洞，沟壑纵横，植被丰富，野生动植物种类繁多，山中部有部分开垦种植的旱地和牧场。江东山西麓、北段山岭起伏，相对平缓，多树木；南段陡峭险峻，树木较北段少，多裸露岩石，土层覆盖草本植物。

江东火山台地　江东火山台地东起江东山西麓，南隔龙川江大峡谷与腾冲火山地质

火山台地（2008 年）

公园所处火山台地相对，西临龙川江，北与爱国社区相接。江东所处火山台地古火山地质遗迹明显。所形成的火山锥体由于遭受长期强烈风化和人类活动影响，大多破坏，在江东火山台地上已不明显，但有明显的火山喷发口地貌，有数级熔岩台地，环火山口熔岩台地和裂隙溢出的熔岩台地，面积大、坡度平缓。火山熔岩构造景观主要有熔岩空洞、熔岩塌陷、熔岩流动和原生节理构造。火山碎屑岩可见熔集块岩、熔角砾岩和熔结凝灰岩。台地上存在有大量的火山石基岩、火山角砾岩、火山灰、浮石、火山渣、火山弹。台地为江东人民的世居地，村落星罗棋布，田野树木相间，道路阡陌纵横。

龙川江火山峡谷 龙川江自固东坝子从江口破开固东盆地，形成峡谷，由西北向东南绕江东火山台地，穿越江东、甸苴腹地奔流而下，流向曲石。峡谷长约 15 千米、纵深 60 ~ 100 米，河谷弯曲延伸，时宽时窄，水中礁石甚多，水流湍急。峡谷两侧崖壁陡峭险峻，火山石基岩、火山角砾岩和柱状节理等火山地质特征明显。

火山峡谷（2018 年）

气候 江东属亚热带高原山区气候，受印度洋西南季风影响，具有明显的低纬度山地西部型季风气候特点，冬无严寒，夏无酷暑。春季气温温差大，气候温凉。年平均气温 13.8℃。最热为 8 月，平均气温 17.8℃。最冷为 1 月，平均气温 5.5℃。年降水量 1400 ~ 1600 毫米。冬季多雾，年日照时数 2100 ~ 2300 小时。

土壤 江东坝子属火山喷积层和沙砾沉积层台地，山地为石灰岩沉积带。坝子为黄红壤、沙壤，山地为棕黄壤。按土质可分为 4 种：火山灰土、沙壤土、山地黄壤土、石灰土。由于江东西面较为陡峭，自然水源有限，坝子西南有龙川江火山峡谷相隔，土壤渗水较快。

植物 江东植物种类繁多，乔木、灌木、藤类、草本类均有分布。

乔木主要有银杏、楸木、云南松、华山松、秃杉、楠木、樟木、核桃、红豆杉等。

灌木主要有花枝树、细叶子树、蓑衣树、酸果树、野麻苕树、灵通香树、石榴树、岩酸树等。

藤类主要有铁藤、红藤、木通、花根藤、金银花、葛根、爬山虎、穿山龙、倒钩刺等。

草本类主要有龙胆草、柴胡、土三七、石斛、茅草、水蕨、灯芯草、艾蒿、芙蓉葵、兰花、金竹、刺竹、苦竹、油竹、钢竹、牛膝、菊花、车前草、鸡冠花等。

经济林木主要有银杏、核桃、香果、柿子、梨树、棕榈、红花油茶、梅子、木瓜、花椒、板栗、红豆杉、栀子、四照花、山楂、杨梅、李子、椿树等。

药用树种主要有银杏、黄柏、五加、厚朴、五味子、杜仲、五倍子、花椒、栀子、山楂等。

药材主要有木香、三七、人参、附子、羌活、黄草、天麻、天冬、麦冬、马兜铃、百合、柏子仁、柴胡、槀本、牛蒡子、前胡、升麻、白芨、益母草、车前子、独蕨叶、十大功劳、地榆、半夏、南星、重楼、淮山、龙胆草、夏枯草、五加皮、山楂、草蔻、钩藤、鱼腥草、荆芥、茜草、寄生、香附、续断、白芷、连翘、蝉蜕、蛇蜕、土鳖虫、紫苏、茯苓、金钱草、淫羊藿、骨碎补、知母、豆蔻、牛膝、木瓜、一枝蒿、红花、花椒、贯众、岩陀、黄连、葛根、狗脊、栀子、防风、虫草、七星草、百步还阳、金银花、草乌、黄芩、桔梗、细辛、串地龙、何首乌、王不留行、黄精、玉竹、枸杞、野坝蒿等 200 余种。

动物 兽类主要有黑熊、麂子、兔、獾、刺猬、竹鼠、中华鼯鼠、汗坝猪、野猫、果子狸、貂鼠、穿山甲、猴子、野猪、黄鼠狼、狐狸、飞猡、蝙蝠、老鼠、蜂猴、松鼠等。

鸟类主要有乌鸦、喜鹊、长尾山娘、麻雀、八哥、鹭鸶、画眉鸟、冬至鸟、杜鹃、斑鸠、竹鸡、燕子、鹞鹰、老鹰、鹦鹉、苦欧、秧鸡、夜喜鹊、啄木鸟、鱼鹰、大雁、野鸭、猫头鹰等。

鱼类主要有泥鳅、黄鳝、草鱼、黑鲤鱼、红尾鲤鱼、江白鱼、鲢鱼、鲫鱼、鲇鱼等。

昆虫主要有蜻蜓、蚂蚱、蟋蟀、螳螂、蚕、蝉、土鳖虫、水蛭、蟑螂、金龟子、瓢虫、天牛、蜣螂、蜘蛛、土蚕、蚯蚓、蝴蝶、蜜蜂、黄蜂、葫芦蜂、岩蜂、土蜂、七里蜂、草蜂、蜈蚣、赤眼蜂、蜗牛等。

蛇类主要有白麻蛇、黑麻蛇、青竹镖、水蛇、菜花蛇、乌梢蛇、响尾蛇、地扁蛇等。

水资源 主要水系有大箐水、六亚箐水、大鬼房水、白羊寺水、小水头水、棠梨树水、大水头水、水头箐水等。大箐水和六亚箐水为江东灌溉用水主源。大鬼房水、白羊寺水、小水头水、棠梨树水等水流较小，主要灌溉坝心、陈家寨、江云部分水田。水头箐水为江云自然村所用，解决江云部分水田灌溉用水和饮用水。江东地下水较为丰富，各村寨都有饮水井。上杨家、先锋营有水井 3 口；茶子园有水井 1 口，水量丰富；下杨家有水井 2 口，后坡头有水井 2 口，大沟边有水井 4 口，坝心有水井 8 口，陈家寨有水井 3 口，江云有水井 3 口。江云因火山岩层渗透大，蓄水困难，现大部分村民饮用山泉。所有水源水质较好，矿化度低，透明度高，可供人畜饮用。1958 年始建江东大沟引母龙河（龙川江上游）河水灌溉河头、爱国、江东三村，全长 24 千米。1980 年扩修后，流量达到 2.5 立方米 / 秒。

矿产资源 江东山有储量丰富的石灰石、火山石。火山石多为村民自发开采，用来建房筑路。江东还有一定储量的锰、铜、铁、铅、硅石等，但储量不大，尚未规模开采。

◉ 人口 民族

人口 1953 年第一次全国人口普查显示，江东村 346 户，1418 人。1964 年第二次全国人口普查显示，全村 387 户，1913 人。1982 年第三次全国人口普查显示，全村 471 户，2757 人。1990 年第四次全国人口普查显示，全村 625 户，3102 人。2000 年第五次全国人口普查显示，全村 783 户，3498 人。2010 年第六次全国人口普查显示，全村 959 户，

3754 人。2016 年年末，江东村有 1021 户，4012 人，其中男性 2150 人，女性 1862 人。

中华人民共和国成立初期，江东村一般家庭有人口 8 ~ 12 人，少数家庭人口为 15 ~ 16 人。20 世纪 70 年代，实行计划生育，一般家庭有 6 ~ 8 人。80 年代，一般家庭有 4 ~ 6 人。20 世纪 90 年代至 2016 年，多数家庭生育 2 个孩子，少数家庭生育 1 个孩子。

据统计，截至 2016 年 12 月，江东村 90 岁以上老人共 12 人，其中男 6 人，女 6 人。

2016 年江东村长寿村民一览表

表 1

序号	姓名	年龄	性别	住址
1	郑广云	92	女	江云秋脚
2	陈长云	90	女	江云沙沟
3	黄安锡	90	男	江云秋脚
4	杨老顺	92	女	坝心坡头
5	黄之训	93	男	坝心寨子头
6	黄增华	91	男	坝心寨子脚
7	黄美金	91	男	坝心月台
8	尹海云	97	女	四合后坡头
9	杨连朝	92	男	四合下杨家
10	李美和	90	女	四合下杨家
11	赵海云	91	女	四合下杨家
12	黄启春	95	男	四合大沟边

银杏村老人（一）（2018 年）

银杏村老人（二）（2013 年）

童趣（2007年）

银杏村的孩子（2018 年）

民族 江东村村民以汉族为主，少数民族主要有回族、白族、傣族、傈僳族、佤族、阿昌族、彝族、苗族、纳西族、景颇族等，大多为婚嫁而落籍江东。1954 年全村有少数民族人口 8 人，1964 年有少数民族人口 12 人，1982 年有少数民族人口 15 人，2010 年有少数民族人口 48 人。2016 年，江东村人口中汉族有 3954 人，少数民族有 58 人。

◉ 村域经济

农业 明清时期，江东粮食作物品种有水稻、旱稻、大麦、小麦、荞麦、玉米等，粮食产量极低，仅够糊口。民国时期，粮食作物有籼稻、玉米、荞麦、豆类、麦类等，粮食产量不高，没有多少剩余。

中华人民共和国成立后，江东农作物分大春、小春两季种植。大春以种植水稻、玉米、荞麦为主；小春以种植大麦、小麦、油菜、土豆为主。20 世纪 80 年代前，江东稻谷以籼稻为主，易脱粒，但产量不高。1986 年，开始引种粳稻，产量较籼稻倍增。但粳稻难脱粒，开始使用机械脱粒。2000 年后，稻谷品种粳稻化，一般亩产 600 千克以上。

据统计，1969 年，人均有粮 350.2 千克。1975 年，人均有粮 362.5 千克。1984 年，人均有粮 421 千克。2009 年，人均有粮 824 千克，人均经济收入 3647 元。2016 年，江东村人均有粮 826 千克，人均经济收入 1.14 万元。江东村的农业耕作方式从 20 世纪 90 年代的人工耕作，逐步转变为机耕机收。

江东村的经济作物以烤烟为主。1988 年，江东村民黄之毅、黄之鹏试种烤烟 28 亩，建土坯烤房 2 座。试种成功后，村民开始尝试种植烤烟，种植面积逐年增加。1991 年，全村种植烤烟 415 亩，单产 47.2 千克，全村交售烟叶 1.96 万千克，总收入 57345.7 元。1998 年，全村种植烤烟 1006 亩，建有土坯烤烟房近 200 座，村内“家

出耕（2012年）

烤烟房（2009 年）

家门前一座塔”。2005 年，全村种植烤烟 587 亩，总产量 9.3 万千克。2009 年，江东村成立烤烟合作社。2016 年，全村种植烤烟 470 亩，总产量 5.9 万千克，建成集约烤烟房 2 组。

林业 民国时期，江东村曾在白羊寺内立有水源管护石碑一块，划定水源林管护面积、四至。

1950 年，江东村面山及后山有林地约 5000 亩。1962 年，实行“四固定”时，面山除划为全村集体水源林约 2000 亩外，其余山林划分到 4 个片区管理。后山林地作为集体薪炭林管理。1965—1972 年，因管理失控，面山水源林遭严重砍伐，多数山林变为光山。1972 年，成立江东林茶场，村民开始种植果松、秃杉、楸木、杜仲、黄柏、棕榈等。1985 年，自留山承包到户。1990 年，开始植树造林，山林植被逐渐恢复。1991 年，坝心在中岭子种植果松 780 亩。1994 年，坝心、四合在背阴箐种植果松 380 亩。1995 年，陈家寨在核桃园种植果松 450 亩。

1996 年，全村在大坝子种植银杏 580 亩。1997 年，坝心在大松园种植银杏 130 亩，四合在黄鹤坝种植银杏 130 亩。1998 年，林场种植银杏 210 亩。

果实满枝（2010年）

银杏果晾晒（2018年）

2001年，江云、陈家寨、坝心3个自然村在后山种植板栗900亩，林场种植果松100余亩。2002年，四合在大横山、石竹槽退耕还林980亩，大力发展泡核桃、红花油茶及果松种植等。2016年，江东村植有果松2.8万亩、泡核桃2000亩、板栗200亩、红花油茶1100亩、银杏3000亩。

银杏果丰收（2009年）

江东村主要经济林果有银杏果，俗名白果。2016 年，江东村有挂果银杏树 4000 余株，产银杏果约 15 万千克。随着江东乡村旅游业的发展，银杏果供不应求，价格逐年递增，从过去的 20 ~ 30 元 / 千克上涨到 60 ~ 100 元 / 千克，年销售收入 1200 万元，并逐渐形成江东村的品牌。

畜牧业 自先民入住以来，就开始饲养家畜，到民国时期，规模逐渐扩大，畜类有黄牛、水牛、骡、驴、猪、马、绵羊、山羊等。其中，黄牛养殖数量最多，驴养殖数量最少。黄牛、水牛养殖主要用于耕作畜力，骡、马、驴养殖用于运输，山羊和绵羊养殖主要用于积肥、出售和食用。

中华人民共和国成立后，江东村畜牧业有所发展。1956 年，大牲畜折价并入“高级社”，全村养有牛、马、羊等。1969 年，全村有黄牛 813 头、水牛 112 头、马 105 匹、骡子 61 头、驴 4 头、绵羊 206 只、山羊 560 只、猪 538 头。1975 年，有黄牛 784 头、水牛 119 头、马 187 匹、骡子 78 头、驴 5 头、绵羊 270 只、山羊 440 只、猪 918 头。1984 年，有黄牛 1147 头、水牛 170 头、马 240 匹、骡子 109 头、驴 5 头、绵羊 187 只、山羊 183 只、猪 1032 头。1982 年，实行“包产到户”后，随着农业机械的普及，大牲畜养殖数量逐渐减少。

牧牛

江东绒绣（2005 年）

传统手工业 江东村的传统手工业以绒绣为主。2016 年，全村参与绒绣制作的妇女有 600 人，她们充分利用农闲时节手工制作绒绣产品，统一交由合作社收购，可创收 100 余万元。

旅游业 自 2007 年发展乡村旅游以来，江东村农家餐饮业、住宿业从无到有，发展迅速。2016 年，全村具备接待能力的农家乐、农家客栈有 142 户，旅游旺季可解决 600 余人就业，销售土特产和其他旅游产品的人员达 1000 人。2016 年，接待游客 40 余万人次，实现旅游收入 1000 余万元。

基础设施

自来水工程 1992 年，陈家寨村民集资修建自来水工程。1994 年，江云村民集资修建自来水工程。1997 年，坝心村民集资修建自来水工程。2004 年，项目扶持四合村修建自来水工程。2011 年，江东全村自来水工程立项建设并网使用，总投资 145 万元。

农网改造 2006 年，江东村实施国家农网改造项目。历时一年，对全村输电线路进行标准化改造，安装变压器 5 台，总容量 300 千伏安。

自来水蓄水池

道路建设 腾板路甸苴干江至江东村道路，始建于1967年，属砂石路面。2006年11月，县交通局和固东镇共同启动干江至江云混凝土道路工程，在原4米宽的砂石路基础上进行改修扩建，2007年11月竣工通车，总投资460万元，道路全长5.91千米，宽6米。2016年，固东镇投资278.54万元，在原路面基础上铺筑一层15厘米的C25混凝土，提高路面通行质量和安全性。

江东古银杏园景区公路（2015年）

江东古银杏园景区公路大桥（2018 年）

固东集镇经爱国到江东村道路，全长 6 千米。1967 年前为 2 米宽路，称人马驿道。1967 年天生桥建成后扩为 2.5 米，小型机械可通行。1986 年，修建固东东大桥（石拱桥），将此路扩为 3 米的砂石路面。2009 年，实施固东集镇经爱国至江东村道路通达工程。2010 年，投资 380.14 万元，用火山粗块石铺筑路面。2016 年，投资 167.76 万元，铺筑 C25 混凝土面积 13869 平方米，翻修粗块石路面积 2790 平方米。

2013 年，固东镇投资 5573.66 万元，建设江东古银杏园旅游风景区二级公路，公路起始于腾板二级公路 K27+400 米处，止于江东银杏王广场，全长 6.647 千米，路面宽 12 米，其中江东古银杏园景区公路大桥全长 160 米，宽 11 米，跨径 88 米，为腾冲首座空腹钢筋混凝土拱架立体台式平梁结构桥。

通信网络 1992 年，江东村开通程控电话。2000 年，江东村民开始使用手机。2009 年，村内开始架设网络通信线路。至 2016 年年底，电话、光纤网络已基本实现村域全覆盖。

广播电视 1966 年，江东村开始架设有线广播。1970 年，村内实现有线广播全覆盖。2016 年，实现 4 个自然村数字广播全覆盖。

1990 年，江东村开始有村民使用黑白电视机，2016 年村内已实现数字电视全覆盖。

乡村文化

文化传承

绒绣　江东村绒绣是刺绣的一种针法，俗称绣花，又称剟花，是以针引线按照设计要求进行剟刺，通过运针、行针将不同颜色的绣花线组织成各种图案的一种技艺。

刺绣银杏树下（2006 年）

绒绣　　2014 年，江东社区被评为云南十大刺绣名村镇（乡）

其主要工艺工序为：

画图放样　在绒布上画出图样，将画好图样的绒布用竹制的绷子绷紧。

绣制　先绣出轮廓，再将带色的细绒线绣入各色块。江东绒绣为“反戮正用”（绒线绣制时戮刺绒布反面，成品在绒布正面显示）。

加工　绒绣雏形初步呈现后，用剪刀修剪细绒线，再用钢丝刷清理碎线、理顺绒线纤维，之后再次修剪、清理细绒线，直至呈现特有的绒线图案。

江东刺绣文化有着悠久的历史。古往今来，凡姑娘出嫁要有绣花枕头、绣花被、绣花围腰、绣花鞋。小孩出生前后要绣花背幺、绣花帽、绣花围巾、口水兜等。一些技术较好的刺绣艺人，可通过出售绣品和培养刺绣学徒赚钱养家。如坝心刺绣老艺人段云和（1911—2001），从设计绘制图案到配色刺绣等各个技术环节均娴熟精湛，经常有人慕名而至，寻求订制购买绣品或拜师学艺。经她培养的刺绣人员遍及江东各村寨，使江东刺绣文化得以传承、发展。2005 年，腾冲县园角公司进入江东社区，实行戮花背幺统购统销，并于 2007 年挂牌成立腾冲县固东镇江东园角刺绣专业合作社，吸收江东广大妇女加入合作社，其主打绣品“圆角背幺”，图案秀丽、色彩典雅、针法丰富、绣工精细。据统计，2016 年，江东村有 600 多名妇女参与绒绣产业，人均年收入 3500 元以上。

皮影　江东村皮影历史悠久。元末明初在汉族先民大举西迁时，皮影这一古老艺术就随着先人们的脚步来到江东，此后一直不间断地传承下来。据年已 90 的第三代江东皮影传人杨体中回忆，其祖父杨连坤（1874—1954），艺名杨大嘴，当年与同村人杨富有、陈超才、段有品等一同到甸苴购得皮影行头一套，有两个箱子、两把二胡、30 件皮影及一些乐器，几个人又自制了一部分靠子（供表演用的皮影人物和道具）和乐器，组成一个皮影戏班子。经过几年的发展，杨连坤皮影在大西练名噪一时，多次受邀到德宏州的梁河、陇川、盈江等地表演。

中华人民共和国成立后，杨连坤因年老休息，戏班由杨体仁承接，成员有杨体中、黄绍青、杨绍成、黄启春、黄发奇、杨少孔。1963 年杨体中接任戏班班主，每到农闲或农历节日都要演出，如每年中元节（俗称鬼节）会演唱三天，主要是祭献祖先。“文化大革命”时，大部分寨子的皮影被送到固东街当众销毁，江东皮影只剩一箱皮影行头。20 世纪 80 年代，各地又陆续唱起皮影戏。江云黄定传、陈家寨陈定启开始组织皮影戏班，在江东村成立一个新皮影戏班。征得大家同意后，杨体中最后一次组织演出，在四合小学大门口连演三晚。演出结束时，杨体中当场把所有皮影行头移交给黄定传。1985 年，江东皮影戏的班主由黄定传继任。皮影戏班的队伍不断壮大，有杨绍华、杨助强、杨体山等人。皮影戏班演唱的剧目有《薛仁贵三困锁阳城》《樊梨花征西》《西域》《精忠报国》《粉妆楼》《过五关斩六将》等。

江东村皮影戏班

皮影表演

文化惠民

2006年以来，江东村启动文化惠民示范村创建工作，围绕“文化乐民、文化育民、文化富民”的工作思路，确定文化基础设施建设的“七个一”工程，即组建一个村民文化活动室、一支农民文化演出队、一间农家书屋、一所农文网培训学校、一个文化遗产展出、一个群众文化活动广场、一个农民文化晒场。

文化乐民 先后建成江东村文化活动广场、坝心自然村文化活动中心及文化晒场、文化月台，最终实现行政村、自然村、农户都有开展文化娱乐活动的平台。现有在册登记文艺队7支。2008—2012年，成功举办了五届江东社区迎新春文艺晚会，每届参演的文艺队有10多支，100多人，观众1200多人。

文化育民 依托文化信息资源共享工程，建设了固东镇农文网络培训学校江东分校、农家书屋，不定期开展文化娱乐和农村致富技术培训。2009年，江东社区农家书屋成立、辐射周边4个自然村3885名村民。书屋面积35平方米，藏书2635册，其中各界赠书2200册、云南新华书店赠书258册、镇政府赠书177册，有书架5个、阅览桌1张、电脑1台、影像制品放置架1个，有政经、科技、生活、实用技术、少儿、

江东首届春晚

象棋比赛

文化、历史、宣传册、党建等图书、报刊。书屋全天候开放，月平均接待内阅、外阅400余人次。

文化富民 2009—2016年，村里多次举办厨师培训班，参加培训人员500余人；举办刺绣技术培训班4期，参加培训人员600余人，提高了广大妇女的刺绣技能和致富能力。2010年，成立文化产业合作社，依托丰富的文化资源，初步探索出一条“农户加合作社加公司”的江东文化产业运作模式；依托丰富的旅游资源，初步开发建设了绒绣人家、纸伞人家、银杏人家等各具特色的文化主题大院，把文化大院作为腾冲民俗文化的推介和展示区。

◉ 社会事业

教育 明正统年间（1436—1449），江东村曾设私塾。清朝，村里曾出过贡生、监生和生员。1942年，日军入侵腾冲前，江东办有私塾3处，四合、坝心、江云各1处。先后开办江东初级小学、江东高级完全小学，1966年，发展成完全小学。1975年，创办附设初中班。2010年，创立于1971年的四合小学停办，并入江东完全小学。2013年3月，原江东完全小学由陈家寨整体搬迁至茶子园，并配套建设幼儿园。学校总占地面积16650平方米，建筑面积3169.4平方米，达到国家一类小学标准。2016年，江东完全小学有11个教学班，教师16人，在校学生287人；幼儿园1所，教师4人，在园儿

江东完全小学航拍图（2018 年）

童 138 人。2016 年，全村有研究生 17 人，大学生 232 人，大专生 60 人。

卫生　解放前，江东成立了卫生协会，地点设在段家寨。1950 年，江东设医务室，地点在黄鹤坝，医务人员陈金仓、李端午。1962 年，医务室迁入村民黄才金家老宅。1966 年，医务室更名为卫生所，1970 年，迁到陈家寨。2003 年，村委会投资 51918.52 元，组建村卫生所。2007 年，发展成为中西兼行的村级卫生所。2016 年，卫生所有医生 6 人、病床 8 张，村内有西医药店 2 家，全村新农合参合率 98.35%。

江东完小（2018 年）

学校的孩子们（2018 年）

文体活动 江东村的体育运动发展较早。1968 年，江东完小有篮球运动场 1 个，经常有村民自发组织篮球比赛。1975 年，四合小学增建篮球运动场 1 个。2008 年，江东村建有文化活动场 1 个，每逢节日组织各自然村文艺队开展文艺演出、广场舞大赛等喜闻乐见的文化活动，传承民间文艺。2010 年，坝心村建设篮球运动场 1 个，安装有健身器材 1 套。2013 年，村文化活动场增加健身活动器材 1 套。

拔河比赛

篮球比赛

老年人日间照料中心

社会保障 自 2006 年起，江东村实行新农合医疗保险参保，村民看病门诊、住院费用实行报销制度。自 2011 年 11 月起，年满 60 周岁的村民每人每月发放 75 元以上的城乡居民养老保险金。2013 年，建成江东社区老年人日间照料中心。2016 年，为村民 93 户 183 人提供最低生活保障，为 8 人提供五保生活保障。

村民生活

收入支出 1948—1965 年，江东村年人均收入约 50 元，人情礼 1 元左右。1966—1969 年，年人均收入 86 元，人情礼 1.50 元。1970—1981 年，年人均收入 103 元，人情礼 1.50 ~ 2 元，各种工匠工价每日 2 ~ 2.50 元。1982—1991 年，年人均收入 472 元，人情礼 3 ~ 5 元，各种工匠工价每日 2.50 ~ 3.20 元。1992 年以前，农民收入低，仅能养家糊口。

1992—2016 年，村内各种基础设施不断改善，村容村貌焕然一新。1992—2009 年，年人均收入 3647 元，人情礼 10 ~ 15 元，各种工匠工价每日 40 ~ 50 元。2010—2016 年，年人均收入 8500 ~ 13161 元，人情礼 50 ~ 100 元，各种工匠工价每日 100 ~ 150 元。

至 2016 年年底，江东村有木工 300 余人，石工 200 余人，各类建筑工人 600 余人，从事运输行业的有 150 余人。全村年务工收入约 2500 万元。

衣着 中华人民共和国成立前，大多数村民穿着都是自织布或购买土布，自家缝制衣物，沿袭着“新三年，旧三年，缝缝补补又三年”的生活习惯。男子穿对襟衣、大剪裤、“千层底”布鞋，女子穿大襟衣、大剪裤、“千层底”连把布鞋。中华人民共和国成立后到 20 世纪 80 年代以前，人们的穿着随生活变化而发展，衣物质地、款式逐渐改善，中山装、西装等进入村民生活。20 世纪 90 年代至 2016 年，随着农村经济的发展，村民的衣着紧跟潮流，各种高档时尚的服饰进入农村家庭。

饮食 20 世纪 80 年代以前，村民一般以玉米面、荞麦面、大米为主食，很少能吃上肉。日常生活用于饮用或腌制咸菜的酒水多为手工土法自酿。80 年代后，主食以大米为主，偶尔吃玉米面、荞麦面等。村民习惯一日三餐，早上 8 ~ 9 点吃早餐，多为米饭或饵丝；中午 2 ~ 3 点吃午饭，一般为米饭加炒菜；晚上 6 ~ 7 点吃晚饭，一般为米饭加炒菜。20 世纪 90 年代后，人们的生活水平逐渐提高，肉食已经相当普遍。

晾“干腌菜”（2018 年）

居住 中华人民共和国成立前，村民的住宿条件普遍简陋，茅草房、杈杈房，土基墙、篱笆墙较为普遍，瓦房较少。中华人民共和国成立后，农村普遍建盖单家独院，多为一正一厢、一正两厢、三架或五架木结构瓦房，用木板装围。现在，很多农户已经用较好的木板雕刻装修，围墙以红砖墙或青砖墙、机解火山石为主。室内用木板装修，涂以油漆；院子铺筑混凝土地面或用机解石铺砌。少数农户建盖混凝土洋房，装饰讲究。

出行 中华人民共和国成立前，村民娶亲嫁女、请师求医等外出活动基本靠步行。富有人家外出多骑马、坐轿、坐滑竿。20 世纪 80 年代，村民出行多乘坐拖拉机、马车，骑自行车。2000 年后，村民出行一般乘坐摩托车、电动车、农村客运车，小汽车开始进入家庭。

民房

农运路上（2010年）

宗教活动 江东村民多信教，以信仰佛教、道教为主，主要活动场所有白羊寺、花台仙山、石观音寺。村民主要宗教活动有过会、祈福、还愿，为出生3天的孩子做招（为新生儿起乳名），为满一周岁的孩子做满岁等。

村民生活

乡村旅游

欣逢盛世，旧貌换新颜。曾经孤悬世外，而今旅游名区。千亩银杏，岁月流金，山水田园，天开画卷。古巷村落，竹树扶疏；农家小院，简朴清幽；生态小吃，香沁舌尖。江东山上，云蒸霞蔚；茂林深篁，山花烂漫；古洞探秘，更是奇观。石门天险，驿道古关；吊将军之故垒，忆往昔之烽烟。龙江峡谷，风光奇绝。断岸青松拂云，绝壁飞瀑迎面。鬼斧神工，千古火山千寻崖；凌空栈道，一曲清江一线天。

◉ 江东山

江东山为明代所赐俸山（又叫官山），属高黎贡山支脉，南北走向，层峦叠嶂，起伏连绵，贯穿江东东部，向北部延伸至界头、明光，到南止于龙川江大峡谷。进入江东山有三条公路，北路由爱国社区新寨经一碗水、大平地、观音石、燕子洞、小水井到达花台仙山，沿途有江东溶洞、石观音寺、花台仙山等景点；中路由中寨或陈家寨经白羊寺、江东林场，连接界头镇清水河，可倾听白羊禅音；南路由江云经石门、大红崖、干塘子，与中路相交，可游览石门古战场、江北大沟遗迹。三条道路均可驾车越野探险，游历以北路为佳，越野以南路最险。山中自然景观独特，环境条件适合野外宿营探险。

江东山（2007 年）

江东山航拍图（2011年）

繁星闪烁（2018年）

古溶洞（一）（2009 年）

江东古溶洞群 江东山由玄武岩（石灰岩）构成，天然形成无数个大小溶洞，素有“山上七十二峰峰峰有洞，地下三十六洞洞洞相连”之说。江东山每两座山峰之间必有一洞相连，有直下百米深的，有此起彼伏的，洞中有洞，洞中有水，水中有鱼。洞内有岩燕、蝙蝠。洞底有暗沟暗河，洞壁结构奇巧，玲珑别致，造型鬼斧神工、成乎天然。洞内曾发现过动物化石。山中较大溶洞有大落水洞、燕子洞、海簸洞、蝙蝠洞、野狗洞、油竹箐洞、石羊圈洞、大丫口洞、大黑洞、打碓窝子洞、大横山燕子洞、豹子洞、大窝坑洞、小水井洞、马鹿塘洞、科爪山洞、大空塘洞、小空塘洞、大水槽洞、掉人洞、白辣岭洞、干塘子洞、北落水洞、恐龙洞、南落水洞、老熊洞、大沙地落水洞、仙人洞、敲鼓洞、老红洞等。

据世界溶洞探险专家和考古专家考察推断[①]，江东山溶洞群是目前云南乃至中国较具科考开发价值的古溶洞群落。在国内，尚无大规模出土如此之多的新生世大型动物骨骼化石的地方可以与此古洞穴群相比。而更具特色的是该古溶洞群为喀斯特地貌与花岗

① 推断引自《第十届中国古脊椎动物学学术年会论文集》（董为主编，北京海洋出版社出版）中论文《云南腾冲江东山小水井全新世大熊猫的发现及其意义》。

古溶洞（二）（2018 年）

古溶洞（三）（2018 年）

片麻岩地貌一洞共生，大量的云母、石英分布其间，无数的河流在溶洞中穿行，奇特的洞穴鱼类在其中自由地生长。据初步估计，古溶洞的长度至少有 40 千米，至 2016 年年底，可进行探洞的长度在 15 千米左右。

花台仙山　江东山中部有一座山峰突起，云里雾里、时隐时现。1958 年秋，坝心籍信女黄彩玉性向善，喜云游，来到此处，见峰雄起，遂攀登，于一个路口见怪石嶙峋，古木疏布；石间杜鹃簇生，至顶有一处平台，人称小花台，极目远眺，高黎贡山与此相对，云峰山近在咫尺，龙川江尽收眼底，四周层山如浪，万峰来朝，山下杜鹃火红，樱花雪白，草木葱茏，气象万千。置身台上，四围山花，缥缈若仙。黄彩玉被眼前奇景折

花台仙山（2018年）

服，即在此一块巨石下搭棚隐居，开山修行。1961年春，乡邻被黄彩玉的虔诚与执着所感动，纷纷慷慨捐资，始建寺观，并定观名为花台仙山。而今，50多年过去，众人齐心协力，现已初具规模，从上至下六进六殿，从远处看，布局合理，排列有序，严整壮观。山门南开，门柱嵌联“朝山有灵应，回家平安福”。拾级而上，依次是财神殿、万仙殿、西方接引殿、观音殿。走到顶，左为三清殿，右为玉皇殿，有联“仙山常乐花台地，道气久存在奇观”。

虽为道观，兼供有儒释宗师，实为三教合一。此山一年四季风景各异，无论何时登临，皆风光无限，春赏山花，夏眺碧峰，秋观烟云，冬看日出。有云：春赏山花，蜂飞蝶舞，层林尽染映山红；夏眺群山，峰峦叠翠，碧峰攒动朝山来；秋观烟雾，脚下云飞，衣袖飘动荡若仙；冬看日出，霞光四射，山川河流一眼收。

探秘江东山，古道山房、古溶洞群、花台仙山连为一线，美不胜收。

石观音寺 位于江东山山中心，距坝区约10千米，周围全是石灰岩，属典型的喀斯特地貌。有一块巨石，突兀高耸，酷似观音坐像，故而得名观音石。2006年，段德娇、屈翠芬、老翠、黄林中等人到花台仙山去朝山，到观音石下，听黄林中说起石观音的故事，随即众人动手扒开周围小树丛，清理去石头上的苔藓等，一尊栩栩如生的观音大士像

石观音（2018 年）

便呈现在眼前。几个月内，江东山发现石观音像的消息就传遍了整个腾西北，后来人们在石下摆上香案，供信徒朝拜，信士、游人络绎不绝。2009 年冬，由黄林中、屈翠芬、段德娇等村民牵头，江东大沟边组无偿捐出石观音坐地地基约 1 亩。2010 年 10 月，建盖起四出水观音寺 1 栋及简易住房 3 间，钱粮皆由地方贤达及善男信女捐献。石观音寺一年四季香火不断，并有专人祀奉。2015 年，由黄林中、黄明金、陈安逵、黄全中、段桂芝等人牵头，大沟边组社员转让两亩多土地作为寺址进行规划建设。2016 年年底，寺前荷花池建筑完工。

白羊寺 白羊寺古刹坐落于江东银杏村北麓，始建于清道光二十六年（1846）正月初六，现任住持为释常圆。"文化大革命"时期，白羊寺被拆除，于 1976 年重建，是一座"三教合一"的寺院。该寺建有主体禅房 8 栋，依次为皇殿、观音殿、文昌楼、土主殿、娘娘殿、财神殿、僧侣生活区等，寺内供奉的不仅有孔子、释迦牟尼佛、菩萨、十八罗汉，还有玉皇大帝、太白星君，儒、释、道三教融合于一寺。寺内并排的"土主殿""娘娘庙"被称为"荤殿"，可办一些村中涉荤的宴席；观音殿、文昌孔子殿和玉皇殿被称为"素殿"，依山势而建，层层增高，其内塑像栩栩如生。玉皇殿位于寺院制高点，分为两层建成塔状，上层供奉玉皇大帝。

白羊寺航拍图（2018年）

白羊寺背靠江东山，面临江东坝子，寺下碧水长流。据传，该寺原选址位于平盏，备料就绪待盖，动工时却发现主料不翼而飞，惊讶不已，四下寻之，竟在村北山下一处山清水秀、幽雅清静之地寻到。放眼望去料闪银光，犹如白羊，遂定址于此，得名白羊寺。

白羊寺（2018年）

还有一种说法是，当年修建寺庙的时候，有人看到一群白羊在山上跳跃，跑到现今位置，故取名为白羊寺。如今，人们看到的白羊寺是翻修过的。在白羊寺的发展历史记载中，有一位老者乐善好施，听闻白羊寺换址之事，遂将此地捐出建寺。后人念其功德，遂在娘娘殿里塑其像，尊称为黄铎老祖。

古村落

江东村历史悠久，民风淳朴。自然风光秀美，生态环境良好，交通便捷。江云、陈家寨、坝心、中寨、上杨家、下杨家、后坡头、茶子园、大沟边、先锋营 10 个古村落星罗棋布，传统民居与银杏树相融相间，相互辉映。村在林中，林在村中，人在画中。

江云古村落（2018 年）

江云古村落 明正统十年（1445），武德将军广南卫千户黄麟长子黄钺领兵驻守江东石门，后定居于此。因村后山岩有天然磨痕，人们认为是“鬼磨针”留下的印记，故村名为“鬼磨针”，后改名江云。江云村的村名多次因行政设置改变而变化。清朝时，州下设练、屯、撮。现在的马站、固东、明光中塘的二尖山以及滇滩的旱坡以下称为西练，爱国、江东称为赤石屯。而撮则是屯以下根据自然村寨的人户多少搭配，如江云为一撮，陈家寨、坝心、中寨为一撮，四合为一撮，此三撮称为上半屯。

民国时期，州、练、屯、撮制改为县、乡（镇）、保、村，各村寨旧称有所变更。大西练岳尊（岳尊为民间对相当于练长一级的尊称）黄廷仲见鬼磨针村后主山像“喜笑颜开、肚大脐窝深，身着大领袈裟，盘着双腿参禅打坐的一尊雄姿大佛”，夏秋季节时有云雾横挂山腰，村前龙川江长年奔流不息，沿着龙川江上空云雾升腾如龙似麟，住户居于其中，恍如世外桃源，遂书对联“背靠佛山腰间系玉带，面临龙江上空起祥云”。鬼磨针自此改名为江云，其意为村人世代子孙繁荣发展如滔滔江水，奔腾不息，文运平步青云、永无止境，和谐相处，吉祥如意。2016 年，江云村有 378 户，1418 人。

“大海子”与“大里海” 江云自然村寨子中心有两个一样的火山湖池塘。一南一北，相距不到 30 米，南面的叫“大海子”，北面的叫“大里海”，两池都是火山岩浆喷洒不均而形成的，紧紧相依。周边的土地都是由散小的火山石与泥土混合而成，两池之间有很长的石埂，石头个大，石与石之间结构紧密，从两池的东北面几十米处开始，曲卧到池西南几百米处止。因北端曾有多尊巨石耸立于地面，村民说那是龙头，两个天然火山湖池塘为龙眼，池中石埂形似龙身。

江东村黄氏先祖们到此地居住之后，因为水源匮乏，把南面的“大海子”选作牲畜饮水和消防用水池，属村寨集体所有。

清乾隆二十四年（1759），在村里贤达人士的倡导下，村民集资对池塘进行了一次大维修。村民清理池塘里的淤泥，用火山石块镶砌周边，增大蓄水量，并刻碑纪念。20 世纪 70 年代后，“大海子”成为浸泡木材“专用塘”。2009 年，“大海子”获得县政府“整体风貌改造”的项目，用石块镶砌成正圆形，上围花板石栅栏，硬化周边路面，池面缩小为一亩半。

“大里海”池面是个不规则的形体，面积比“大海子”大，有三亩多。300 年前该寨子有一户李姓人家，此池塘由李姓人家管理使用，故得名“大李海”。后李姓人家迁往异地，“大李海”地名演化为“大里海”。2011 年，村里把“大里海”与“大海子”开渠连通成为一体。渠两面设置石栅栏，修筑两座石拱桥，池边也设置石栅栏。

陈家寨古村落（2018 年）

陈家寨古村落 明洪武年间（1368—1398），源于颍川郡的陈希仁从四川随军进入云南，后一支到腾越落籍，几代后迁居腾西北江东赤石。因陈姓一脉流传无异姓，故名陈家寨。解放前夕，为祈求平安和谐之意，加之定居在东山脚下，一度改寨名为东平村。中华人民共和国成立后，村复名陈家寨。1969 年，为适应当时形势，改名燎原生产队，后恢复为陈家寨。陈家寨东至山脚，南至江云，西至大坝子，北至中寨。2016 年，陈家寨有 143 户，549 人。

坝心古村落 据《金华黄氏腾冲世系家谱》记载，明正统六年（1441），明王朝命定西伯蒋贵为总兵官，兵部尚书王骥总督军务，调南京、湖广、四川、贵州、云南等地卫所军队共 15 万人三征麓川，进剿思瓦发、思任发（今德宏瑞丽、陇川、潞西、梁河一带土司）叛军，武德将军广南卫千户黄麟亦奉命率本卫官兵随大军进军腾冲，转战麓川各地。正统十年，黄麟升任腾冲守御千户所为腾冲军民指挥使司，统领五千户所。黄麟部属镇守腾北要塞，命长子黄钺驻军江东鬼磨针，次子黄鉴驻军曲石松坡。清康熙三十年（1691），

坝心古村落（2018年）

其第十一世祖黄色高由曲石松坡迁徙到江东坝心定居，因此地位于江东坝子中心，故取名坝心。

坝心村村南有数百亩云南松林，村北有月台、荷花塘景观，四周田园环绕。村内不同树龄的银杏树分布在农户家中、村落周围，巷道两旁银杏林立，形成人树和谐相依的自然生态美景。三道门古朴生辉，月台银杏树成行。村头村尾都有道路连通，村内道路由火山石铺筑，四通八达，路旁路灯林立。2016 年，村内建有 26 户农家乐，集吃、住、休闲、娱乐于一体。

坝心村是江东绒绣文化发源地和传承地，村内多数妇女会绣艺。2016 年，坝心村有 6 个村民小组，224 户，973 人。

三道门　三道门位于坝心村月台组，是清代生员黄璋殿的府宅。由黄璋殿之子黄自成所建，同时依据坝心月牙形的地形，用火山石砌筑月台，铺筑块石道路、荷花鱼池、凉亭，建有 24 间跑马楼等基础设施。

三道门

清乾隆五十六年（1791），黄自成将老宅一分为三，并为儿子修筑3所住宅。嘉庆五年（1800），钦赐黄璋殿牌匾3块，中间大门挂有“乡饮介宾”的牌匾，右边大门头挂有“作宾王家”的牌匾，左边大门头挂有“王祐万民”牌匾。

中寨古村落 东临白羊寺，南与陈家寨接壤，西与坝心相连，北与四合的上杨家、先锋营接壤。村中均为黄姓，“四固定”时中寨一部分农户并入陈二队，一部分农户并入坝心寨子头生产队。

上杨家古村落 据杨氏族谱记载，上杨家和先锋营居住着的杨姓与下杨家同宗不同源。上杨家杨姓始祖杨保，原籍江西上元县杨家坝，于明洪武十四年（1381）授军职，随征南副将军入滇，后有一支驻腾越下北练。繁衍八至九代后，杨裕本携家小北迁上北练赤石中寨，后人杨继胜又从中寨迁上寨（上杨家）。一支搬到江东山玉石头坪子和杨家店房居住，即后来的上杨家。2016年，上杨家有48户，194人。

下杨家古村落 杨姓居多，据《杨氏源流》记载，原籍为江西道抚州府临川县长宁乡五都新坪堡里杨方村，经商入滇，最后落籍于此，现已传至23代。有历史名人杨成纪、江东皮影艺人杨连坤。近几十年来，村经济不断发展，村民生活富足，文化繁荣，人才辈出。2016年，下杨家（含茶子园）有78户，318人。

后坡头古村落 村居坡后头而得名，村中均为陈姓。陈姓后人至15代时，陈大中一支再西迁三里到陈家地；第二代后迁到现址后坡头，居住至今。2016年，后坡头有54户，212人。

大沟边古村落 村居大沟边而得名，村中均为黄姓。据《金华黄氏家谱》记载，黄姓由今湖南省长沙市滦湾镇迁入。明正统六年（1441），广南卫千户黄麟随定西伯蒋贵进军腾冲，平定战乱，戍守边疆，世袭千户爵。后落籍腾冲，黄麟长子黄钺分驻腾北江东赤石（今江东村江云），镇守石门，后裔也落籍于此。黄钺则成为黄麟支系到江东的一代祖，传至第12代。清康熙十三年（1674），黄美吾携其家人再迁三里守庄子种田地。庄子产业归其所有，遂定居于此，取寨名为庄子寨，此名一直使用至1958年。“大跃进”时，在村东侧修了一条大沟，村名演变为大沟边，沿用至今。大沟边地理位置优越，东西南北两条公路在此交会，极大地方便了运输业和商业。2016年，大沟边有61户，216人。

茶子园古村落 村中原油茶树多，故名茶子园。与大沟边黄姓同宗同源，“四固定”时并入下杨家生产队。

先锋营古村落 清道光二十五年（1845），杨姓一支搬到江东山腹地，男丁全部入伍当兵，编成先锋营，寨名因此定为先锋营。1981年整村迁至现址，先锋营沿用至今。2016年，先锋营有35户，132人。

◉ 古银杏

江东坝子属万年火山台地，土质肥沃，气候独特，温和湿润，适宜各种动植物生存。明洪武至正统年间，江东各姓氏祖先陆续到此定居。定居后又从湖南、四川、江苏等地引种银杏，广泛栽培并采用扦插方法进行改良繁殖。现有银杏树40000余株，其中树龄300年以上的古银杏200余株，银杏果品种繁多，品质优良。

江云古银杏群 江云自然村现有银杏树13376株，20年以上树龄的银杏树1216株，中幼林12160株。其中，300年以上树龄的古银杏62株。

和谐相依（2008年）

江云比较有代表性的古银杏：

黄永章户，一簇6株，最老植株树龄600年。树高24米，树围3.6米，树冠18米×19米，银杏果最高年产量250千克，收入1.6万元。品种属圆子类甜白果，甜糯性好，出仁率高。

黄有志户，一株，树龄600年。树高25米，树围4米，树冠18米×17米。最高年产量300千克，年收入1.8万元。属圆子类甜白果，甜糯性好，出仁率高。

黄炳枝户，一株，树龄600年。树高21米，树围3.6米，树冠16米×14米。最高年产量240千克，年收入1.5万元。属圆子类大甜白果，甜糯性好，出仁率高。

黄定湘户，园子中有银杏树一簇5株，最老植株树龄600年。树高22米，树围3米，树冠18米×17米。最高年产量240千克，年收入1.5万元。属圆子类小甜白果，甜糯性好，出仁率高。

黄定斌户，自留地内有银杏树一株，树龄600年。树高22米，树围3米，树冠18米×17米。最高年产量290千克，年收入1.6万元。属圆子类甜白果，甜糯性好，出仁率高。

杨有华户，自留地内有银杏树一株，树龄600年。树高22米，树围3米，树冠13米×15米。最高年产量240千克，年收入1.5万元。属长子类大白果，甜糯性好，出仁率高。

张永志户，自留地内有银杏树一株，树龄600年。树高23米，树围3米，树冠18米×19米。最高年产量240千克，年收入2万元。属圆子类芝麻白果，糯性好，出仁率高，被誉为“芝麻银杏王”。

江云雄性树株：

黄永田户，树龄200年。树高19米，树围2.1米，树冠12米×14米。

黄定相户，树龄200年。树高22米，树围2米，树冠13米×12米。

黄永昌户，树龄200年。树高24米，树围1.9米，树冠16米×15米。

陈家寨古银杏群 陈家寨自然村现有银杏树9775株，20年树龄以上银杏树936株，中幼林8839株。其中，300年以上树龄的古银杏树66株，中幼林主要分布于江东大坝子。

陈家寨比较有代表性的古银杏：

陈自建户，在梨树园有古银杏树一簇3株，最老植株树龄600年。树高25米，树冠19米×18米，树围3.15米。最高年产量200千克，收入1.2万余元。糯性好，出仁率高。

陈安训户，院子中有古银杏树一簇3株，最老植株树龄600年。树高35米，树围4.2

米，树冠 15 米 ×16 米。最高年产量 300 千克，收入 1.5 万元。属银杏树圆子类品种，籽粒小，甜糯性好，出仁率高。

陈安太户，院子中有古银杏树一簇 2 株，最老植株树龄 600 年。树高 21 米，树围 3.6 米，树冠 14 米 × 16 米。最高年产量 200 千克，年收入 1.1 万元。属银杏树圆子类品种，甜糯性好，果实大，出仁率高。

陈安庄户，院子中有银杏树一簇 2 株，最老植株树龄 600 年。树高 26 米，树围 2.4 米，树冠 13 米 ×13 米。最高年产量约 325 千克，年收入 1.8 万余元。糯性好，出仁率高。

陈学邦户，院子中有银杏树一簇 6 株，最老植株树龄 600 年。树高 27 米，树围 4.1 米，树冠 13 米 × 14 米。最高年产量约 280 千克，年收入 1.6 万余元。属银杏树佛手类品种，甜糯性好，出仁率高。

黄发果户，家门前有银杏树一簇 6 株，属四代同堂，全村最老的银杏树之一，最老植株树龄 600 年，被命名为江东银杏王。树高 25 米，树围 6 米，树冠 16 米 ×18 米。最高年产量 400 千克，年收入 2.2 万元。属圆子类，中性白果，出仁率高。

银杏王（2018 年）

冬日银杏树（2018年）

陈安全户，园子内有银杏树一簇2株，称父子并肩，最老植株树龄600年。树高24米，树围3.6米，树冠15米×17米。最高年产量320千克，年收入1.7万元。属圆子类，中性白果，出仁率高。

陈家寨雄性树株：

陈安银户，树龄600年。树高17米，树围2.6米，树冠10米×12米。

陈安培户，树龄400年。树高18米，树围2.3米，树冠13米×14米。

陈自根户，树龄600年。树高22米，树围2.5米，树冠15米×16米。

坝心古银杏群 坝心自然村现有银杏树11514株，20年树龄银杏树1518株，中幼林9996株。其中，300年以上树龄的古银杏45株。

坝心比较有代表性的古银杏：

黄水金、黄党金、黄可金兄弟三人自家园子中共有银杏树一簇7株，最老植株树龄600年。树高25米，树围3米，树冠16米×15米。最高年产量300千克，年收入1.7万元。属佛手类中型白果，甜糯性好，出仁率高。

黄之虎、黄之跃、黄之彦、黄之怀兄弟四人自家园子中共有银杏树一簇2株，最老植株树龄600年。树高24米，树围3米，树冠18米×18米。最高年产量330千克，年收入1.8万元。属佛手类中型白果，甜糯性好，出仁率高。

黄之川户，园子中有银杏树一簇3株，最老植株树龄600年。树高22米，树围3.6米，树冠 15 米 ×14 米。最高年产 290 千克，年收入 1.7 万元。属圆子类中型甜白果，甜糯性好，出仁率高。

黄之仲户，园子中有银杏树一株，树龄 600 年。树高 23 米，树围 2.6 米，树冠 15 米 ×16 米。最高年产量 280 千克，年收入 1.68 万元。属飞边类中型甜白果，甜糯性好，出仁率中等。

黄之法户，园子中有银杏树一株，树龄 600 年。树高 24 米，树围 2 米，树冠 14 米 ×16 米。最高年产量 260 千克，年收入 1.76 万元。属佛手类中型甜白果，甜糯性好，出仁率高。

黄常金户，院子中有银杏树一簇 2 株，最老植株树龄 500 年。树高 22 米，树围 2.7 米，树冠 13 米 ×15 米。最高年产量 240 千克，年收入 1.5 万元。属佛手类小粒白果，甜糯性好，出仁率高。

黄建金户，园子中有银杏树一簇 3 株，最老植株树龄 600 年。树高 23 米，树围 3 米，树冠 15 米 ×16 米。最高年产量 260 千克，年收入 1.7 万元。属佛手类中型甜白果，甜糯性好，出仁率高。

坝心雄性树株：

黄之尧户，位于月台，树龄 200 年。树高 20 米，树围 2.4 米，树冠 8 米 ×9 米。

黄之奇户，树龄 200 年。树高 17 米，树围 1.8 米，树冠 8 米 ×9 米。

黄雄堂户，树龄 300 年。树高 19 米，树围 2.2 米，树冠 10 米 ×11 米。

村民家中的银杏树（2011 年）

古银杏树

中寨古银杏群　中寨自然村现有银杏树420株，20年以上树龄银杏树63株，中幼林357株。其中，300年以上树龄的古银杏25株。中幼林主要分布于江东大坝子。

中寨比较有代表性的古银杏：

陈安贤户，园子内有二簇4株，一雄一雌，称为夫妻树。雄树最老植株树龄600年以上。树高24米，树围3米，树冠13米×14米，为方圆近千株雌树传播花粉。雌树最老植株树龄600年，树高24米，树围2.8米，树冠13米×16米。最高年产量260千克，年收入1.6万元。属飞边类大白果，甜糯性好，出仁率中等。

黄跃鹏户，一簇10株，称五代同堂，最老植株树龄600年。树高22米，树围7米，树冠21米×19米。最高年产量300千克，年收入1.8万元。属飞边类大白果，甜糯性好，出仁率中等。

陈安敏户，院子外一簇7株，称五代同堂，树形奇特，最老植株树龄600年。树高21米，树围4米，树冠17米×18米。最高年产量290千克，年收入1.7万元。属飞边类大白果，甜糯性好，出仁率中等。

四合古银杏群　上杨家、下杨家、后坡头、茶子园、大沟边、先锋营这6个自然村现统称为四合村，共有银杏树5205株，20年以上树龄银杏树915株，中幼林4290株。其中，300年以上树龄古银杏7株。中幼林主要分布于茶子园、小松园、大树园、大坝子等地。

上杨家比较有代表性的古银杏：

杨有翠等兄弟二人共有银杏树一株，是江东村所有银杏树中树瘤最多的一棵银杏树，植株树龄600年。树高22米，树围3.1米，树冠20米×18米。最高年产量280千克，年收入1.8万元。属圆子类甜白果，甜糯性好，出仁率高。

杨有志户，一簇10株，是全村根部最大的银杏树之一。生长为树墩形结构，最老植株树龄600年。树高21米，树围4米，树冠14米×16米。最高年产量150千克，年收入约9000元。属圆子类甜白果，甜糯性好，出仁率高。

后坡头比较有代表性的古银杏：

陈有仁户，一簇3株，最老植株树龄600年。树高24米，树围3.1米，树冠18米×19米。最高年产量230千克，年收入1.3万元。属圆子类甜白果，甜糯性好，出仁率高。

大沟边比较有代表性的古银杏：

黄发刚户，一簇3株，最老植株树龄600年。树高22米，树围3米，树冠15米×14米。最高年产量250千克，年收入1.6万元。属圆子类甜白果，甜糯性好，出仁率高。

四合雄性树株：

黄发刚户，树龄200年。树高19米，树围1.9米，树冠10米×11米。

2016年江东村古银杏树一览表

表2

编号	位置	树龄（年）	树高（米）	胸径（厘米）	冠幅（平方米）	管护人
1	陈家寨	400	24	86/95.5	282	陈安周、陈安恒
2	陈家寨	300	23	63.5	160	陈安锡
3	陈家寨	600	21	86	224	陈安太
4	陈家寨	500	22	86	133	陈自茂
5	陈家寨	500	20	76	269	陈自茂
6	陈家寨	500	22	94	246	陈自茂
7	陈家寨	400	22	92	253	陈定强
8	陈家寨	600	22	98.7	218	陈安杰、陈安信
9	陈家寨	600	20	97	138	陈老焕
10	陈家寨	500	20	60	120	陈安生
11	陈家寨	500	20	67	210	陈安明
12	陈家寨	600	23	95	192	陈安银
13	陈家寨	600	17	54	120	陈安银
14	陈家寨	600	23	54	81	陈安银
15	陈家寨	600	18	63	129	陈安金
16	陈家寨	600	23	95	168	陈安金
17	陈家寨	600	25	43	108	黄发果
18	陈家寨	600	25	60	288	黄发果
19	陈家寨	600	25	95	286	陈安能
20	陈家寨	600	27	85	210	集体
21	陈家寨	600	28	84	180	陈德帮
22	陈家寨	500	21	83	102	陈定金
23	陈家寨	600	23	71	183	陈安宪
24	陈家寨	500	26	79.6	174	陈本学
25	陈家寨	600	24	85.9	165	陈安厚
26	陈家寨	500	27	55.7	64	陈国刚
27	陈家寨	500	22	66.8	212	陈国刚
28	陈家寨	400	24	54.1	165	陈安志
29	陈家寨	400	24	63.6	210	陈安志
30	陈家寨	500	21	76.4	110	陈安志

续表 2

编号	位置	树龄（年）	树高（米）	胸径（厘米）	冠幅（平方米）	管护人
31	陈家寨	400	23	63.6	63	陈进茂
32	陈家寨	400	20	55.7	137	陈本显
33	陈家寨	500	22	74.8	177	陈本源
34	陈家寨	500	20	79.6	118	陈定生
35	陈家寨	400	20	54.1	115	陈定生
36	陈家寨	500	23	66.8	149	陈定孝
37	陈家寨	500	20	63.6	155	陈定孝
38	陈家寨	400	18	58.9	175	陈定孝
39	陈家寨	400	15	52.5	189	陈安丽
40	陈家寨	600	26	80	169	陈安庄
41	陈家寨	400	22	62.1	120	陈安来
42	陈家寨	400	20	84.3	131	陈自旺
43	陈家寨	400	22	65.2	142	陈自旺
44	陈家寨	300	20	38.2	233	陈定尧
45	陈家寨	400	20	47.7	150	徐采焕
46	陈家寨	500	21	85.9	210	徐采焕
47	陈家寨	400	22	73.2	319	陈自逵
48	陈家寨	400	21	74	319	陈自逵
49	陈家寨	300	20	49.3	156	陈安启
50	陈家寨	300	20	44	132	陈自雄
51	陈家寨	300	22	46.1	139	陈自雄
52	陈家寨	400	21	60.5	150	陈自雄
53	陈家寨	300	22	90	176	陈安伦
54	陈家寨	300	19	57.3	132	陈安辉
55	陈家寨	300	21	61.1	36	陈安伟
56	陈家寨	300	20	76.4	110	陈安伟
57	陈家寨	300	21	68	210	陈安满
58	陈家寨	600	24	110	255	陈安全
59	陈家寨	600	35	110	240	陈安训
60	陈家寨	600	23	100	342	陈自建
61	陈家寨	600	27	105	182	陈学邦
62	陈家寨	500	25	100	330	陈自建
63	陈家寨	400	20	80	182	陈安爵
64	陈家寨	600	28	100	340	陈自正
65	中寨	300	18	33.4	196	郑维杨

续表 2

编号	位置	树龄（年）	树高（米）	胸径（厘米）	冠幅（平方米）	管护人
66	中寨	300	22	79.6	218	郑维杨
67	中寨	600	20	60.5	218	郑维杨
68	中寨	600	22	79.6	143	黄孝新
69	中寨	400	16	66.8	183	黄孝新
70	中寨	300	22	47.7	144	黄孝新
71	中寨	300	20	36.6	132	黄孝新
72	中寨	300	21	44.5	168	黄孝新
73	中寨	300	22	63.6	36	黄刚金
74	中寨	500	23	70	175	黄刚金
75	中寨	300	23	55.7	6	黄刚金
76	中寨	300	20	73.2	166	黄刚金
77	中寨	400	21	76.4	182	黄敏金
78	中寨	600	24	92.3	353	黄敏金
79	中寨	300	21	57	132	黄秦金
80	中寨	300	20	57.3	156	黄祥金
81	中寨	300	20	79.6	176	黄祥金
82	中寨	500	20	73.2	138	陈自孝
83	中寨	300	20	45/27/23/16.2/14	132	黄跃传
84	中寨	300	18	42.3	176	黄跃宗
85	中寨	500	19	62/75/47/35	182	黄爱华
86	中寨	300	18	45/47.3	100	黄跃宗
87	中寨	300	16	75	132	黄跃宗
88	中寨	600	24	87.5	182	陈安贤
89	中寨	500	24	76.4	208	陈安贤
90	中寨	600	21	130	306	陈安敏
91	中寨	600	22	200	399	黄跃鹏
92	江云	300	18	55.7	144	黄保志
93	江云	600	21	58.9	224	黄炳枝
94	江云	300	22	70	163	黄定红
95	江云	300	22	74.8	210	黄定红
96	江云	600	22	95.5/63.6	306	黄定斌
97	江云	300	18	54.1	138	黄定文
98	江云	200	23	47.7/41/44.5	230	张启德
99	江云	300	11	41	132	张启德
100	江云	200	24	44.5/41.4/41.4/38.2	304	黄定贵

续表 2

编号	位置	树龄（年）	树高（米）	胸径（厘米）	冠幅（平方米）	管护人
101	江云	300	20	50/70	182	黄定山
102	江云	300	22	79	240	黄定周
103	江云	400	23	97	473	黄常美
104	江云	300	22	57	189	杨体助
105	江云	400	25	53/55.7	195	黄泽湘
106	江云	300	20	57/60.5	138	黄永芹
107	江云	300	22	36/36/32/25	182	黄定发
108	江云	300	21	33.7/60	161	黄永济
109	江云	400	23	73	224	黄定海
110	江云	600	24	41.4	342	黄永章
111	江云	300	22	66.8	224	黄永章
112	江云	300	20	41.4	210	黄永田
113	江云	300	19	55.7	210	黄永田
114	江云	300	18	54	168	黄永志
115	江云	300	20	49.3	150	赵美云
116	江云	300	22	39.8/42.9	163	赵美云
117	江云	300	18	43/24.5/49.3	156	黄永万
118	江云	300	17.5	54.1	272	黄永万
119	江云	400	22	62.1	168	黄永田
120	江云	300	22	47	48	黄永田
121	江云	300	20	47.1	180	黄安贤
122	江云	400	18	55.7	156	黄安贤
123	江云	400	23	50.9/35	180	黄安贤
124	江云	400	22	66.8	163	黄安奠
125	江云	300	21	47.7/49.3	218	黄安贤
126	江云	300	21	82.8	182	黄安庆
127	江云	300	21	47.7/39.8	120	黄安远
128	江云	300	25	79.6	195	张启顺
129	江云	400	25	65.2	195	黄国祚
130	江云	400	22	81.2	240	杨定学
131	江云	600	22	63.6/44.5/66.8/66.8	306	黄定湘
132	江云	600	23	87.5	342	张永志
133	江云	200	22	54.1	210	黄芹志
134	江云	300	21	70	240	黄芹志
135	江云	300	15	54.1	195	黄芹志

续表 2

编号	位置	树龄（年）	树高（米）	胸径（厘米）	冠幅（平方米）	管护人
136	江云	300	20	93	195	黄永明
137	江云	300	16	44.5	120	张启昌
138	江云	300	18	54/47.7	240	黄绍生
139	江云	300	22	76.4	162	黄永常
140	江云	300	20	65.2	210	黄炳亮
141	江云	600	22	70/47/92	195	杨有华
142	江云	500	21	82.8	196	黄炳权
143	江云	400	20	83	224	黄炳灿
144	江云	400	20	44.5/35	196	黄炳进
145	江云	400	24	55.7/55.7/50	210	黄永传
146	江云	400	24	50	64	黄永传
147	江云	400	25	92.3	240	黄永相
148	江云	300	22	36.6/54.4	210	黄定祥
149	江云	300	18	68.8	189	黄定祥
150	江云	400	20	93.4	256	黄永杰
151	江云	300	22	85	272	黄庄志
152	江云	500	17	41.4/39.8	144	黄国孝
153	江云	600	25	100	306	黄有志
154	四合	600	22	105	360	杨有翠
155	四合	400	24	57.3/66.8/58	342	黄色刚
156	四合	300	20	39.8/40/28/32	218	杨绍龙
157	四合	400	21	66.8	210	黄连忠
158	四合	600	22	100	210	黄发刚
159	四合	600	21	110	224	杨有志
160	四合	600	24	120	342	陈有仁
161	坝心	300	18	54.1	144	黄树堂
162	坝心	200	21	47.7	121	黄之增
163	坝心	300	18	41.6/38.2	270	黄之松
164	坝心	400	24	63.6	200	黄右金
165	坝心	300	21	50.9	182	黄之毕
166	坝心	300	24	66.8	324	黄之华
167	坝心	600	23	108.2	240	黄建金
168	坝心	300	23	44.5	182	黄建金
169	坝心	300	20	47.7	182	黄学金
170	坝心	300	19	47.2	168	黄学金

续表 2

编号	位置	树龄（年）	树高（米）	胸径（厘米）	冠幅（平方米）	管护人
171	坝心	500	22	52.5/82.8	195	黄常金
172	坝心	300	16	65.2	56	黄常金
173	坝心	500	19	82.8	195	黄之右
174	坝心	300	18	35/33.4/50.9/38.2	196	黄之本
175	坝心	300	22	54.1/54.4	210	黄之右
176	坝心	400	22	92.3	240	黄之品
177	坝心	400	22	60.5/60.5/49.3/49	272	黄之楼
178	坝心	400	23	60.5/66.8	240	黄之康
179	坝心	300	22	50.9	156	黄学堂
180	坝心	400	20	54.1	120	黄之兆
181	坝心	600	23	85.9	240	黄之仲
182	坝心	300	22	63.6	180	黄之能
183	坝心	400	20	63.5	110	黄之蓉
184	坝心	300	10	63.6	240	黄之胜
185	坝心	300	20	60.5	208	黄之强
186	坝心	300	21	46	64	黄本金
187	坝心	300	22	63.6	210	李加宝
188	坝心	300	21	73	210	黄云堂
189	坝心	300	22	58/95.9/50.8	156	黄云堂
190	坝心	600	22	95.5	210	黄之川
191	坝心	400	21	73.2	168	黄之敏
192	坝心	400	18	55.1	150	黄之敏
193	坝心	300	22	60.5/41.4	210	李德芝
194	坝心	300	15	70	130	黄之宽
195	坝心	300	10	73	100	黄全堂
196	坝心	300	16	65.2/60.5	168	黄齐金
197	坝心	400	22	68.4	180	黄赛金
198	坝心	400	22	79.6	210	黄之德
199	坝心	600	24	95.5	324	黄之怀
200	坝心	300	22	60.5	165	黄之安
201	坝心	400	20	61	272	黄之柱
202	坝心	600	25	47.7/47/40	240	黄水金
203	坝心	300	18	92.3	120	黄洋金
204	坝心	400	20	85.9	210	黄之寿
205	坝心	600	24	75	224	黄之法

说明："胸径"栏中多组数字的为一簇多株的胸径

古木苍苍（2018）

龙川江火山峡谷航拍图（2018 年）

◉ 龙川江火山峡谷

龙川江自固东坝子从甸苴江口破开固东盆地，形成峡谷，由西北向东南环江东火山台地，穿越江东、甸苴腹地奔流而下，流向曲石。峡谷长约 15 千米、谷深 60 ～ 100 米。河谷弯曲延伸，时宽时窄，两侧崖壁陡峭险峻，水中礁石甚多，水流湍急。自江口沿江而下，沿途有龙马跳、天生桥、三叠水瀑布、银杏桥、二龙江遗迹、江北大沟遗迹等景点，沿途部分地段建有栈道和观景台，部分地段能看到火山喷发口、柱状节理等火山地质奇观。

龙马跳 龙马跳位于江东村黄鹤坝脚，龙川江上游，具体位置在江门口下约 500 米处，距下游天生桥约 200 米。相传，有一匹千里马在江东岸狭窄处一跃而飞到了江的西岸，在西岸的一块巨石上留下了马蹄印，当地村民就将此处称之为龙马跳。1958 年，因修二龙江将西岸炸成了一段台地，巨石和龙马蹄印已经无法看到。因龙马跳江面较窄，天生桥几度修建时，两岸人们便在此处修设便桥通行。

天生桥抗战遗址 天生桥是连接甸苴进入江东的重要交通要道。古时，商人从甸苴过天生桥，经江东，上石门，进曲石，到达南斋工房，而后翻高黎贡山，跨怒江进入永昌（今保山隆阳区），是茶马古道的分支，属博南茶马古道。

龙川江（2018 年）

火山峡谷（2018 年）

天生桥所在的位置是龙川江较为狭窄的地方，两岸陡峭壁立，上有巨石平台，先民们在此架一粗木为桥（独木桥），形如天然形成，因此得名“天生桥”。清宣宗道光二年（1822），将木桥改建成单孔石桥。1942 年，抗日战争中桥被炸毁。1945 年抗日战争结束，两岸有识之士集资在原址上再建起一座木桥。1967 年重建天生桥，为解决固东坝子水患，增强泄洪能力，凿开甸苴一侧巨石，并留江中部分基岩作为石拱桥桥墩基础，建成双孔石桥，取名红卫大桥，但人们仍称之为天生桥。2000 年进行整修，将桥面加高，保留“文化大革命”时期的语录牌和栏杆，方成现在的天生桥。据《腾冲县志》载：“固东江东桥，在江东公路 K0+720 米处的母龙河（龙川江上游）上，1967 年 5 月建成，该桥为 2 孔实腹石拱桥。跨径各 13 米，人行道 2×0.3 米，桥高 7.2 米，净空 6 米，桥台高 2.75 米，桥墩高 3.5 米，上部为石砌实腹式，下部为石砌 U 型桥台，桥基打木桩，为本县目前最长的桥梁，载重为汽—15、拖—80。”

龙川江天生桥段地势险峻，江面狭窄，潭深流急，水花翻滚，常年不见江底。传说，江中住有鳌鱼，鳌鱼一眨眼就要地震，当地人有“鳌鱼眨眼千山动”之说。天生桥两端各有一亭，甸苴一侧亭内塑有韦陀、桥神、路神，江东一侧为凉亭，供行人休憩。桥下是

天生桥（2018 年）

九曲回肠的龙川江，江畔有一个天然石岛，称“仙人岛”，岛上有一个宝刹，名曰“龙王阁”。江、桥、寺、亭构成一幅奇秀绝伦的精致画卷，置身其中，仿佛进入仙境。

天生桥地处交通要道，战略位置重要。抗日战争期间，日本侵略军曾多次对腾北抗日力量进行扫荡，中国远征军预备 2 师曾在天生桥多次与日本侵略军发生激战，天生桥四易其手，天生桥亦曾在战争中被炸毁。今天的天生桥已不见当年战争的痕迹，所见只有往来穿梭的车辆和游玩赏景的游人，岸边苍翠的青松发出的阵阵松涛，似乎在提醒人们不要忘记历史。

三叠水瀑布　位于江东对面甸苴村百亩大寨子东侧。河水由西山多条溪水汇集而成，流经马站三联村及固东顺利、和平、甸苴三村流入龙川江。因江岸高达近百米，水流叠下，形成三叠水瀑布。有诗云：看水如棉有三叠，胜似梨花片片白。岸上花桥锁河口，对面松涛迎飞雪。瀑布观景点在对岸的江东坝心松园内，松园有云南松 240 亩。林下花草丛生，好似绿色地毯。漫步其间，空气清新，沁人心脾。枝头百鸟争鸣，蝉音阵阵。侧耳听涛声阵阵，寻涛声信步走去，便可在大江东岸一览三叠水瀑布美景以及龙川江峡谷风光。

三叠水瀑布（2018年）

二龙江遗址 1958年“大跃进”时，全县大兴水利，县委县政府决定，由固东境内龙川江口，沿江的西岸开渠引水到“二区”和“九区”（现曲石、马站部分地方）解决农用水。村里遂发动上千村民兴工开凿，历时3个月，有的地段凿成了平台，有的地段凿下了很多炮眼。由于岩壁陡峭，施工难度较大，其间不断有民工付出生命，最后工程被停止，于是有了现在的二龙江遗址。

石门古驿道 位于江云村东南面的半山腰，占地450多平方米。自古以来，石门古道就是重要的官道、商道、兵道。商人从甸苴过天生桥，经江东，上石门，进曲石，到南斋公房，而后翻高黎贡山，跨怒江向北延伸，是茶马古道的分支。原石门两旁有两块天然巨石，形成一道石门卡，只容一人一马通过，所以称为石门，素有“一夫当关，万夫莫开”之称。相传，石门附近曾多次发生战争，所以又称为石门古战场。

明代，麓川宣慰使思任发叛乱，永乐十一年（1413），思任发攻占孟定、湾甸、干崖、南甸、腾冲、潞江及金齿（今保山市）等地。正统三年（1438），明右都督方政征讨，在进军高黎贡山战斗中，全军覆没，方政战死。麓川军回袭腾冲以北的瓦甸、

石门（2018年）

江东、顺江等据点时，把三地的屯军斩杀殆尽。相传，石门屯军为国捐躯后，英灵尚存，阴雨天、黑夜里常常听到“你磨刀、我磨枪”的鬼魂交谈，岩壁上磨有深浅不一的痕迹。江云村原名“鬼磨针”正是由此得来。古时，石门是个神圣的地方。江东村民每年大年初二都要到石门祭祀，祈求石门保佑整个村子一年到头风调雨顺。原来的石门在“文化大革命”时期被毁，2008 年重建。原石门边建有文笔塔一座，1936 年被毁，2014 年重建。石门古战场地处高位，为观看江东银杏村全貌、火山群的最佳观景点。登上石门古战场，山下是险峻的龙川江，江畔左边是甸苴，右边是江东银杏村，江对面是连绵的火山群，地势高险，连绵不绝。两村虽相邻，却被龙江大峡谷一分为二，壮观至极。

江北大沟遗迹　1974 年曲石公社兴修江北沟，确定接江东大沟沟尾，灌溉江北盐井坝，改旱地为水田 1080 亩。沟渠全长 10 千米，工程凿壁穿岩，飞涧斩谷，横跨龙川江东岸江东山岩壁，途经蚊子洞、圆塘窝子、破翘嘴，钻困羊崖隧洞，跨石马岭干，蜿蜒曲折流入盐井坝。现沟渠失修废弃，沟道可徒步通行。

江北大沟（2018 年）

流星雨（2018年）

旅游服务

农家菜

银杏炖鸡（2018 年）

银杏炖鸡 银杏炖鸡是银杏村的招牌美食之一。做法为选取当地放养的土鸡为食材，将土鸡肉切成块，放到沸水里氽 2 ~ 3 分钟，捞起后放到热油锅里加适量烧酒、生姜、精盐翻炒，再放到土锅里慢炖。在鸡肉炖好 20 分钟前把去皮的银杏果放入土锅，炖熟后出锅可食。

银杏炖小肠（大碗）、银杏蜂蜜羹（2018 年）

银杏炖小肠 选用新鲜猪小肠洗净后，塞入去壳后的银杏果仁，再将小肠打结，每结切成六七厘米的小段，与猪肚、猪蹄同锅炖煮，让银杏的清香与肉味融为一体，口感鲜甜爽润，回味无穷。

银杏炖排骨 将排骨洗净切成段，取银杏果仁备用。锅内放香油将排骨炒至金黄色，加水适量，然后加入银杏仁及生姜、葱段、花椒、精盐等调料。旺火烧开，小火煨焖一个多小时即可。成品汤色乳白，肉质鲜甜香嫩。

银杏蜂蜜羹 用银杏仁 10 ~ 20 粒，捣汁过滤。将银杏汁和适量蜂蜜放一起调匀，加入适量鸡油，冰糖 5 ~ 10 克，鸡蛋 1 ~ 2 个，搅拌均匀，文火炖熟即可食用。此羹有止咳化痰、润肺生津的功效。

银杏花蒸鸡蛋（2018 年）

银杏花蒸鸡蛋 将鸡蛋打碎，加入雄银杏花、鸡油及适量盐，放入适量的水搅匀后，在锅中蒸 30 分钟左右即可。

赶马肉 所谓“赶马肉”，是过去马帮的赶马锅头们（赶马人首领）创制的一种简易美食。做法为将夹精带肥的猪肉切成块，搭配葱、姜、蒜（蒜苗）、辣椒、草果面、盐、味精、酱油等佐料

土锅子（2018年）

（过去赶马路上条件有限，佐料简单化，只放盐和辣椒），放入热锅中翻炒至微黄，浇少许烧酒，盖上锅盖文火焖十分钟左右，待酒、水汽干，油脂流淌即可出锅食用。肉色焦黄，油而不腻，香气扑鼻，营养丰富。

土锅子　用烧制的土陶火锅作为加工的容器。采用土鸡肉和排骨熬成高汤作为锅底，以青菜、芋头、淮山药、番薯、黄笋等为配料，上铺一层泡皮（将洗净的鲜猪皮晒干后，用油炸泡，再用冷水浸泡，然后切成薄片），分层铺，最后将蛋卷铺在上面。过去，土锅子多作为美食用于清明、立冬祭祖等场合，现已不受节令限制，成为日常宴客的家常菜。

焐猪肉（2018年）

焐猪肉　因用猪血焐制猪肉并加工而得名。通常将猪头、猪脚、猪尾、猪肺、猪肝、猪肠、猪肚及猪血混合制作。先把猪下水清洗干净，用少量水，盖紧锅盖，半煎半煮，将猪下水做熟，切成小块，放入油锅中搭配盐、草果、蒜、姜、辣椒等佐料翻炒，让肉和佐料充分拌匀，再倒入新鲜猪血，继续翻炒3至5分钟。待猪肉的色泽慢慢变成红黑色，滴上几滴酱油提味，撒上葱花即可出锅。

农家客栈　为适应旅游的发展和需要，2007年，江东村开始组织动员家庭环境好、具备一定条件的7户农户开办农家乐。2007—2016年，村委会累计补助资金155.5万元，对农户的大门、庭院、厨房、卫生间、房间等进行风貌改造。2015年9月，国家旅游局公布首批乡村旅游“千千万万”品牌名单中，江东村获“首批中国乡村旅游模范村”荣誉称号。同时，江东村陈国萍农家乐获“首批中国乡村旅游金牌农家乐”荣誉称号。陈国萍农家乐还获“保山健康之旅星级农家乐”和“云南省铜盘级旅游餐馆”荣誉称号。

银杏小院（2018 年）

至 2016 年，江东村有农家乐客栈 142 个，有标准间 512 间、床位 945 个，普通间 94 间、床位 177 个。陈国萍农家乐为保山市三星级农家乐；菊中银杏小吃、聪兰农家乐为保山市二星级农家乐；迎杏园农家乐、张应芬（8 号农家乐）为保山市一星级农家乐。

农家乐小院（2015 年）

交通线路

外部交通 游客去往江东银杏村景区有多条线路和多种形式可选。乘坐飞机经昆明到腾冲，再至江东村景区。腾冲开通直航的城市有昆明、重庆、长沙、南京、西安、郑州、深圳，其中腾冲机场每天有 19 个航班往返昆明，空中航行时间约 50 分钟。

杭瑞高速昆明—腾冲段长 617 千米，自驾约 8 小时可达。昆明西部客运站每天有 10

趟班车发往腾冲，行程时间约 10 小时。

保山至腾冲约 133 千米，自驾约 2 小时可达，每天有 26 个班次班车往返。

芒市至腾冲约 100 千米，自驾约 1.5 小时可达，每天有 18 个班次班车往返。

农村客运车（2018 年）

腾冲市人民政府至江东银杏村景区 35 千米，自驾约 30 分钟可达。可在腾冲西门车站乘坐到固东镇的中巴，每天 8：00 ~ 19：00 每间隔 15 分钟有一趟班车，车程约 40 分钟，到达固东集镇后转乘开往江东的微型车。腾冲市区在西门车站附近有面包车直达银杏村，也可选择出租车或包车前往。

村内游道 天生桥游道，由银杏大道进入江东村，出银杏大桥左转，沿江东岸入坝心、松园，观看一叠水风光，继续前行到达天生桥。

石门游道，石门古战场位于江云村东面半山腰，现建有观光塔 1 座。由三角地经江云村有多条道路通往石门。登上石门，可观古战场遗址，鸟瞰古银杏村美景，火山群奇观，龙川江江东段大峡谷秀美风光。

峡谷游道，由干江路进入银杏村，过天生桥，右转沿火山石路进入坝心、松园，可观赏三叠水瀑布，沿江而下可一路观大峡谷风光，经江云三老园，到达石门古战场、江北大沟遗址。

银杏景区公路（2018 年）

秋日温馨

民风民俗

600年前，江东村民的祖先万里远征，到此戍边屯田，守战耕种，繁衍生息，在这片热土上建设美好的家园。他们将先进的中原文化带到江东，像古银杏一样深深扎下根须，让中原文化的血脉世代相传。四时节庆，婚丧嫁娶，起房盖屋，待人接物等风习礼仪，皆可在古老的《礼记》中找到源头。走进江东村，犹如走进了“箫鼓追随春社近，衣冠简朴古风存”的古诗意境之中。

节日习俗

春节 江东人家过春节，从腊月开始准备。“腊七腊八，杀猪宰鸭”。腊八前后，江东人家凡养猪的家庭都要宰杀年猪，这不仅是为春节之用，也是为来年储备肉食。

腊月初八这天一早，各家各户都挑着水桶去水井挑清洁的水回家，装满水缸坛罐及一切能盛水的家什，储存大量的“腊八水”，用来制作咸菜、酿酒，更换家堂上供的净水等。

腊月中旬后，各村巷会昼夜不停地响起舂碓声，人们在忙着舂粑粑。江东人家过年舂粑粑主要是用来作为过年的馈赠礼品。舂粑粑的米有粳米、糯米两种，粳米做饵块、小粑粑，糯米做糍粑。

在腊月二十三或二十四日，村民要祭灶，又称“送灶”，用糍粑加糖糊住灶君的嘴，民间有“灶君封住口，四季无灾忧”之说。“二十三（四）日上天去，正月初一下界来。”除夕或初一再把灶君接回来，称“接灶”。

买大香，过大年（2018 年）

大年三十，全家人一起将事先备好的香灯纸火、茶点酒水等摆放到家堂（神龛）前的八仙桌上，将三牲（猪、鸡或鸡蛋、鱼）等祭品摆放到“五福堂”前，敬奉天地。用家里最好的食材做成美味佳肴，端放到“流芳堂”前，再燃香炷插于中堂门外、大门左右，先虔诚祭拜祖宗，然后全家共吃年夜饭。饭后，家人们全部围在火塘边，吃东西，话家常，一起守岁。进入子时，家庭主妇会摆上各种水果和糕饼，配以现蒸的热气腾腾的斋饭、净茶净水于大门前，点烛燃香行“接灶”仪式，将上天的灶王爷接回家中归位，祈求来年五谷丰登、吉祥如意。待到除夕，燃放鞭炮辞旧迎新后方才歇息。这一天的礼节，无论是富庶门庭还是贫寒之家，均不可懈怠。江东村民间流传有一句歇后语：“三十晚上敲砧板——有菜无菜都要应应节气”。

大年初一，清早开“财门”是头等大事。一般由家中年幼的孩童首开大门，并高声诵“财门财门大打开，金银财宝滚进来，滚进不滚出，金银堆满屋……”等吉利话。孩童开完大门后，便到中堂向家龛牌位行叩拜礼，取下长辈们压在香炉脚下的红包。然后，晚辈们向长辈拜年，祝愿长辈健康长寿、万事如意，长辈受拜以后要将事先准备好的压岁钱赐给晚辈。人们外出相遇，要相互拜年问好。俗语云“初一拜先生，初二拜丈人”。过去拜年的礼品是一个红糍粑加一块猪肉。现在拜年多用饵丝、肉、水果、红包等。

烤小耳猪（2018年）

大年初二，江东村人有“招财祈福”祭财神的习俗，又称“打牙祭”，以求一年四季财运亨通。清早，村民会宰杀一只颜色鲜艳的大公鸡，备上三牲酒礼等在院子里摆桌烧香，祭献财神，祈求财神保佑一年四季平安吉祥、招财进宝、五谷丰登、六畜兴旺。江云自然村村民还轮流到石门关祭台前宰鸡杀猪，祭奠“古圣先贤”。祭奠时要宣读祭文，祈福求平安，财源广进。参加祭祀活动的不但有江云村村民，还有很多邻寨的村民。筹集的功德钱除去活动的正常开支，剩余部分用于石门古战场的基础设施建设。

初三一大早，家家户户都要将初一、初二的垃圾尽数扫出，俗称“扫穷鬼”。所以，这天村民一般不外出串门拜年，怕被人家当作穷鬼一样扫走。初四后，人们开始走亲串戚。准备佳肴宴请新婚夫妇或亲友，俗称“请春客”。

每逢春节，各村寨都会在打谷场上或村口空地立秋千、祭秋神，新媳妇祭秋。元宵节过后，再进行拆除秋千仪式，拆除秋千杆架等物，收起秋绳，郑重地移交下一年的“秋首”人家保管。此习俗延续至今。

元宵节 江东过元宵节是在正月十六。追根溯源，旧时，江东民间信奉佛教，年长的妇女每逢初一、十五都要吃素（俗称“吃花斋”），以表对神佛的虔诚敬心。另有“十五的月亮十六圆”俗语，故推后一天，久则成俗。江东村有吃汤圆、赏灯会、猜灯谜的习俗，村民多先祭祀，后进食。

清明节 清明节，江东村民扫墓祭祀有两种形式：一是在清明节前一天，带上柳枝、清水、香烛等到祖宗坟前，插上柳枝，浇上清水，再插上一炷（或三炷）线香，然后带一枝柳枝回家插于大门上。清明节后的 15 天内，可任选一天，邀请族亲到本族坟山修葺坟墓、铲除荒草，同时携带当地的特色美食，祭祀山神土地和祖宗亡灵，并把特制的白色小旗插在坟头上，昭示着墓主后继有人。另一种形式是扫墓和祭祀同步进行。

进入 21 世纪后，为贯彻落实国家护林防火安全政策，江东人继续保留着扫墓、插柳、插香炷和敬献鲜花、果品和糕点的习俗，将上山焚香、烧纸、烹饪“江东土锅子”和其他菜肴祭献先祖的活动改在家中进行。

端午节 农历五月初五为端午节。妇女们用各色棉布和丝线绣成形状各异的香包，内放朱砂、雄黄及各种香料，佩戴在孩子身上，以祈求吉祥、安康。清早，在大门上插艾蒿、菖蒲，以驱邪避瘟。先端上煮熟的粽子祭献祖宗，然后全家人再食用。当年节前出嫁的女儿要回娘家给父母送粽子、肉、糖果等。若是有亲属新近亡故的人家，三年内不包粽子，会有亲戚主动送来。

此外，江东民间的植树活动大多集中在端午节前后。俗语云“端午节，端午节，插根木棍都长叶”，因这一时节正逢雨季来临，种树易于成活。

中元节　农历七月十五日为中元节。江东村有个特别的习俗：每年农历七月初开门迎接祖宗亡灵到家，俗称“接亡”。“亡人”到家中后，要一日三餐祭献，不能怠慢，到七月十三日隆重祭祀后再欢送出门，俗称“送亡”。

在江东，中元节比清明节更隆重，七月初二或初三，人们进行“接亡”仪式，点燃三炷线香，端着菜饭到大门外，口中招呼着，把祖先亡灵接进家门。有新亡人的人家初一早晨就接。此后，每天都得煮茶做饭祭献给亡人，如遇赶集日还要烧些纸钱给亡灵。十三日“送亡”那天，供品需特别丰富。傍晚，把准备好的丰盛晚餐端到大门外摆献，作为给亡人饯行的送别宴，同时焚烧许多纸钱锞锭给亡灵，有的还鸣放鞭炮，年长者在一旁祷告。这天，在外人员也会尽量赶回家“送亡”。

中元节期间，祭献饭食或烧纸时，村民要在正席以外，取些饭菜放入碗中，备上一份纸钱，置于单独摆设一旁的小桌上，以祭献那些不能参与正席吃喝的“伶仃孤魂”。完毕后，把小桌上的食物集中在一个碗内，连汤带水的（俗称“浆水饭”），取些纸钱焚化于碗内，泼洒出大门外头，给那些无人伺奉、游荡在外的“孤魂野鬼”。

中秋节　农历八月十五即中秋节。这天晚上江东村民家家都吃月饼过节。院子中央放上一张桌子，燃香，供月饼、水果等，祭拜月亮和上苍，祈求赐福。

立冬　因气候由秋凉转入冬寒，值此节令，各户人家均择日烹饪佳肴敬献先祖，并将备下的纸制衣物和金银锞锭焚烧，让亡灵购置衣物抵御严寒，俗称“送寒衣”。

◉ 婚嫁习俗

江东传统婚嫁习俗礼节繁多，随着时代发展，婚嫁仪式逐渐从简，至今保留的特色习俗有以下几种。

提亲　在江东村，如果男方家发现中意的姑娘，就去请女方家能说会道的亲友或请当地德高望重的人，作为牵线搭桥人，出面向女方父母打听是否愿意成全这门亲事。如果女方有意，男方家长就带些礼品，在介绍人的引领下到女方家提亲，也叫“求亲”。

相亲　如果女方家对男方本人及其家庭情况不大了解，即便经“说媒”或“劝媒”的介绍后，还是不放心，介绍人就带着男青年到女方家去，让女方家进行观察、了解。

如对男青年满意，女方要对其家庭做进一步认识。女方父母会找个借口到男方家，目的是了解其家庭情况。

“合婚”“压八字” 相亲之后，如男女双方都同意这门亲事，男方家就请先生“查八字”“合婚”。“合婚”的结论分为“上婚”“中婚”“下婚”。如是“下婚”，这门亲事就很难商量了。就算是“上婚”，也要请先生开出男女青年双方的“生辰八字”帖。男女青年互相交换，各自带回家去放在神龛祖宗牌位前的香炉下面，压上后静观 21 天。

去吊箩 去吊箩分为“小吊箩”和“大吊箩”。“小吊箩”由男方准备两套礼（两块猪肉、两包糖），与媒人一同到女方家商定订婚彩礼。“大吊箩”时，带上“小吊箩”时商定好的彩礼到女方家，并商定娶亲日期及相关事项。

指媒 关系确定后，女方家就指定正式媒人，叫“指媒”。一般是女青年的舅母家或是姑妈家的人。有的男方家从一开始就请姑娘的舅母或姑妈“搭桥”，这样既省事又比较好说话办事。“指媒”指定后，男方要准备两块肉送到“正媒”家去“认媒”。

请媒 双方择定谈论彩礼那天，男方家要带上一块肉或一包糖到媒人家，请媒人商定彩礼数额，叫“请媒”。彩礼包括奶母钱、席钱、针线钱。奶母钱即男方家给女方父母的礼金，席钱即给女方家置办酒席的钱，针线钱即给女方置办嫁妆饰品的钱。彩礼还包括筹备给女方家散发给家族及亲朋的礼品数额，一套礼品为一块肉、一包糖。村里有“一家养女百家求，答允一家九十九家丢”“一女出姓（嫁），九族皆知”的说法。散给亲友的礼品就是让他们知道自家的女儿已经与谁家儿郎订婚了。

送席、装箱 结婚的头天晚上，新郎家要送一个箱子到新娘家。箱子里放一把伞、一面镜子及一顶蚊帐，少量现金或一张银行卡，并上好锁。由新郎、伴郎在一位长者的带领下把箱子、钥匙送到女方家，这叫“送箱”，又叫“送席”。

“装箱”是结婚那天早晨，新娘家把箱子里的伞和镜子取出，装进一些钱和衣物等，出嫁时让新郎家带走。抵达新郎家门口，新娘要撑着伞，提着镜子。

递酒 迎亲前一天，男方家要请人抬礼物到女方家，叫“递酒”。“递酒”的礼物主要是用红纸封好的两坛（瓶）当地小锅酒，还有用红纸封好的茶叶、糖、蛋糕等。

迎亲、会亲 结婚当天，新郎在伴郎的陪同下在特定的时辰出门，到新娘家迎接新娘，称“迎亲”。迎亲队伍要赶在太阳落山之前把新娘接进新郎家。新娘出嫁时，由娘家的至亲妇女几人（俗称“高亲”），陪送新娘到新郎家去，并住上一夜，叫“送亲”。第二天早上，娘家的亲友们在长者的带领下到新郎家看望新娘和送亲人，即“会亲”。

吃过早饭后，娘家亲友和接送亲的妇女们一起回家。随着时代发展，提倡婚礼从简，很多人家已经把送亲礼节简化或免除了。

踩床 结婚当天，迎亲队伍去了女方家之后，男方家由懂婚俗礼仪的人和家中夫妻双全的两名妇女指挥把喜床按方位摆放好，床四脚垫上四双筷子。在被褥的四个角放些松子、枣子等，叠放整齐于床上。让两名男童到床上沿着四个角落走走踩踩，然后用托盘给他们端饭在床上吃，吃完给他们每人一个"聪明算计"包（用红纸把葱、松明子、蒜苗、钞票裹起做成的礼物，相当于红包），这叫踩床，意祝新娘早生贵子。

回门 当新娘家来送亲、会亲的人走后，新郎新娘要到村口行叩拜、烧喜神等礼节，并鸣放鞭炮。

做满月 回门的第二天是新娘回家做满月的日子。这天，新娘的兄弟姐妹到新郎家接新娘新郎回娘家，与众多的娘家亲友共同欢度婚礼的最后一天。

◉ 丧葬习俗

2015 年前，村民去世后，多进行土葬。2015 年后，江东村逐步推行火葬，仪式更简化。

讣告 家中有老人去世后，子女要迅速告知亲友和乡邻，确定出殡日后，通常是发出讣告，特别是报丧人要腰系草绳火速前往死者娘家报丧，叫"赶外家"。外家不到场，死者是不能入殓（盖棺）的。讣告要写明死者姓名、生卒年月及出殡日期，讣告以丧主名义发出。丧主一般是死者的儿子，由长子领头，父丧称"孤子"、母丧称"哀子"，母或父已先卒，又逢父或母之丧，则称"孤哀子"。如长子早死，则以长孙居前，称"承重孙"。亲属闻讯后到死者家里慰问，称"吊丧"或"吊唁"。

丧棒 治丧期间，孝子头顶白布孝包头，腰系草绳（或麻绳）。亲朋寨邻前来吊望亡灵，孝子怀抱丧棒、下跪叩首迎接，来人及时搀扶并还礼。在先生诵经、做法事和出殡时，孝子要一直怀抱丧棒。丧棒是用竹子做的，两头插上稻草，草秆露出两寸，棒身用白绵纸裹起。亡人有几个孝子就做几根丧棒，丧葬结束后全部放靠于坟前。

上祭 出殡那天，亲友寨邻们到主家参加出殡仪式，外家（死者的娘家或岳父母家）会郑重带上祭品和祭文前来祭奠。家族间也要准备祭品和祭文，其他至亲也有带祭品和祭文的，现多数改送花圈。上祭时，棺前摆满各种祭品，吊丧的亲友手端酒杯站在棺前，表情肃穆，由主丧人手持酒壶为吊丧者斟酒，在道师先生的指挥下酒奠三巡后，由先生或有文化的人代唱读祭文，表达对死者的悼念之情。

出殡　下葬之日灵柩启行前往墓地，叫“发引”，又叫“出殡”。出殡当日，要先招待外家来人以及运送棺木上山的寨邻，孝子要到他们的饭桌边跪谢。临出殡之前，要筹办一桌饭菜到棺前，让孝男孝女们在棺椁面前陪亡人再最后一起吃顿“团圆饭”。一切准备就绪，道师先生结束法事后，高喊“起棺”，与此同时，鸣放鞭炮，抬棺出殡。出殡时，一人在前面打火把开路，后由八人抬棺木，其他人搬着给死者置办的桌椅、凳子、轿车、电视机、寿钱等纸扎用品和死者生前所用衣物跟在后面。送葬队伍出发前，长孝子由族间一人、外家一人左右搀扶着由棺前倒退到大门外，其他孝男孝女手执线香在大门外巷道两边，跪在地上哭送亡人。棺木过后就不能再哭了，由外家来人及族里长者搀扶起来，每人抢上几根先前准备好、放在大门外的柴禾抱回到中堂里，再喝上一碗糖水，表示抱财回家，以后生活甜甜蜜蜜。

下葬　棺木抬到坟地后，地理先生在墓穴里用细末香（香面）画一条龙，再提着一只大红公鸡，口中念念有词进行“扫穴”，然后将棺木下葬入穴。

扶山踩地　将死者安葬之后，子女和亲属们准备三牲、饭菜酒水、纸钱锞锭等祭品到坟地，用斋茶酒、三牲答谢山神土地，饭菜纸钱祭奠死者。之后，每人手执一支线香，绕坟转上三圈，在坟墓四周洒上些清水，奠定四至。

建房习俗

择吉日　村民修建主房或财门（大门），都要请人推择两个好日子：架马日、竖柱上梁日，也就是木工动工仪式的日子和上梁、进房的良辰吉日，后者要在同一天内完成。

架马　建房过程中，架马是指木匠师傅开始加工第一件料子——中梁。架马那天，掌墨的木匠师傅必须按时举行架马仪式。至于是接着开工还是延期动工，均由他们掌握，但绝对不能耽误竖柱日期。主人将中梁抬到两支木马上架好，请木匠师傅动工操作。开工时用升斗盛满米，上面插木工曲尺和凿子、三牲、茶酒等礼品，加上元宝纸火，两幅喜神祭拜鲁班祖师图，祭拜完毕，师傅头用锛子或斧子砍下第一块木渣，交与主人保存，待竖柱日头天晚上送木神木煞时用。接下来加工所有木料，加工完毕，将进身用料与所用柱子穿插连接好，等待吉日竖柱。20 世纪 90 年代前，建房基本是人力竖柱，约需请 100 人，使用拢杆约 20 根，撬杠约 40 根，火筒叉约 40 根，绳子 10 余根。现在逐渐改为使用吊车竖柱。

竖柱 竖柱日的头一天晚上十一点左右，木工师傅（师傅头）要祭送木神木煞，使用木托盘一个，内装印有喜神、木神、路神、白虎、朱雀、玄武等神祇的印刷纸张和架马时所砍下的第一块木渣。再准备五盅茶、五盅酒、五盅斋、五方三牲、五对纸锞、五条鱼、五个鸡蛋作为祭礼，放置盘中，外加一个火把。木工师傅在堂屋中心位置，先是磕头作揖，口中念念有词，恭请诸神上盘，称“起盘”。然后，一人手持火把照亮开路，木工师傅及助手端盘送出寨子外边，用火将木神等印刷纸全部焚烧，所有盘中的食物由参加送盘的人员负责打散（分享），能吃多少就吃多少，吃不了的统统丢弃，不能带回。

竖柱前，木工师傅用开口叫过的（成熟）红公鸡一只，用碗碴把鸡冠子划破，取鸡血点五方。木工师傅伴诵吉利：“一点东方甲乙木，修造之家有福禄；二点南方丙丁火，

建房

修造之家子孙多；三点西方庚辛金，修造之家进金银；四点北方壬癸水，修造之家子孙中高魁；五点中央戊己土，修造之家儿孙代代中文武……”

竖柱时辰到了，木匠师傅首先发马，需用木马一只、木榔头一个，在中梁木居中位置挂上红布一块，用斋茶酒先行祭拜，祭毕，师傅手拿木榔头，依次敲击中梁的头、中、尾部，口诵吉利："小小木槌重千斤，弟子拿在手中存，天煞打归天上去，地煞打归地府存，青龙归海中，白虎入山林。朱雀空中去，玄武入庙堂。天无忌，地无忌，年月无忌，日时无忌，阴阳无忌百无忌，姜太公在此，诸神回避，有坛归坛，有庙归庙，无坛无庙，各散虚空，竖柱之后大吉大利……”

接着，木工师傅用手中的木榔头将木马敲翻在地，同时鞭炮齐鸣，大家在总理（农村办红白喜事时指定的主事人）的统一指挥下，开始竖柱。

上梁 竖柱事宜完成后，等到上梁的吉辰，大伙将中梁抬到堂屋中央的两只木马上，先进行包梁。包梁用五色线、五子五宝、八卦印符等物。木工师傅操起四分凿子在中梁居中位置的下方凿一个小眼，由主人将五子五宝放入眼内，然后重新覆盖严实。主人在装五子五宝时，木工师傅在一旁诵吉利："太阳光亮照四方，照见主人装宝仓。一装荣华富贵，二装金玉满堂，三装三元三品，四装代代成双，五装五子登科，六装六六大顺，七装北斗呈祥，八装寿星长在，九装五福临门，十装代代吉祥。"众人随口附和："沾福啰，再请！"

宝仓装好后，木工师傅用纸八卦包梁，继续诵吉利："一个八卦镇四方，弟子拿你包中梁，自从今日包了中梁后，子孙代代入朝堂。"

接着用五色线捆梁，捆梁时木工师傅诵吉利："五色线儿长又长，弟子拿你捆中梁，自从今日捆了中梁后，子孙发达伴君王。"然后用酒奠梁，奠梁时木工再诵吉利："一杯酒奠梁头，修造之家财源似水家里流；二杯酒奠梁中，修造之家子子孙孙入朝中；三杯酒奠梁尾，修造之家如意吉祥代代兴。"奠毕，木工师傅用两根绳子左右拴梁，拴梁时诵上吉利："两根绳子长又长，弟子拿你拴中梁，左拴财源广进，右拴常发吉祥。"然后鸣放鞭炮上梁，木工师傅诵吉利："金梁升到半空中，摇摇摆摆似条龙，自从今日上梁后，修造之家四代同堂三代双。"

中梁安放好后，进行点五方，用馒首（用粳米糕制成的人首形供品）4个，小粑粑108个，粑粑上嵌有钱币，分装在两个托盘内，由两个木工伙计托着托盘分别从两边沿梯而上，一直上到中梁两头，边上边诵吉利："左脚跷、右脚跷，修造之家脚踏云梯步步高。”主人身穿长袍于中堂接馒首，木工师傅再诵吉利 :“一个馒首圆又圆，又装银子又装钱。自从今日主人接了馒首后，修造之家物阜人旺万万年。”接着打五方、浇梁水，木工师傅又诵吉利 :“一个托盘四四方，除煞粑粑里面装。共有一百单八将，拿来除煞打五方。一打东方甲乙木，所有神煞往外出 ；二打南方丙丁火，所有神煞别处躲 ；三打西方庚辛金，所有神煞往外奔 ；四打北方壬癸水，所有神煞往外退 ；五打中央戊己土，所有神煞土中捂。四面八方都打过，修造之家子孙发达步步高。”旁边人亦随口附和 :“沾福啰，再请！”然后，师傅把 108 个小粑粑丢向四周，围观众人嘻嘻哈哈争抢着捡拾，馒首和一部分小粑粑留下给主人家端回收藏。

贴无忌帖、水帖、对联 上梁事宜完成后，用毛笔字写一张“无忌帖”贴在堂屋门的照面枋正中位置，用于镇妖驱邪。“无忌帖”内容是 :“天无忌，地无忌，年无忌，月无忌，日无忌，时无忌，阴无忌，阳无忌，百无禁忌。姜太公在此，诸神回避。竖造之后，大吉大利。”用毛笔写“水帖”，贴在中堂柱子上，用于治服木料根尖颠倒。“水帖”

贴水帖

内容有："长江水·道荣、黄河水·道华、五湖水·道富，四海水·道贵、涧下水·道吉、小溪水·道昌。"用毛笔写"竖柱喜逢黄道日、上梁正遇紫微星"等内容的对联贴在中柱上。"无忌帖""水帖"对联贴好之后，预示主人家大吉大利。

进房 房屋建盖好后，主人家进新房。先请两个男童踩门，然后在门槛放上喜神，点起红烛。两名男童手捧盛有谷物、钱币的盘子，在道师先生（民间祭师）的指导下踩门。先生诵上吉利："两名童子踩门来，左带金来右带财，自从今日踩门后，钱财富足步金阶。"男主人抱着饭甑子，女主人挑着柴，跟后进门。先生诵吉利："紫微高照放金光，照见主人进新房。自从今日进房后，子孙发达万年长。"此时要在中堂的偏右位置燃烧一盆火，靠边或在侧房里摆置一张床，铺上被褥。家堂前摆放一张桌子，把供奉五大牌位的香炉放在上面燃好香，香炉前面供献上煮得半熟的猪头等祭品。然后，主人端着一甑子饭，其余家人和前来祝贺的亲友挑着粮食、柴禾、炊具、用物等到中堂放好，接着鸣放鞭炮，隆重进行进房仪式。此外，要特别准备 桌菜饭酒水在堂前祭献，焚烧纸钱锞锭，祈求满堂圣真及祖宗三代庇佑，此后一家老小无灾无疾，招财进宝，大吉大利，生活富足。

◉ 生活习俗

家龛 又称家堂，是家居神龛的简称。家龛设置源于周礼，是五礼之一"吉礼"民间化的载体和物证。因设有天地、国家、宗亲、师长等牌位，俗称"天地牌"，也称"家堂牌"。家龛是江东村一户人家神圣的核心，无论贫富贵贱之家均有设置，多设于家中最为显要的位置——中堂之上。江东村的家龛设置大体分为暖阁式、窝心式和素面单挂（贴）式三种，条件好的人家以雕琢香草、花鸟、福寿等牌坊装饰之，但切不可雕龙画凤，条件差的人家以朱红纸请先生书写后粘贴于壁上，待条件改善后再做修饰。最初，移驻屯边新的居民一族，因背井离乡，山高路遥，无法回归故里，但思乡之情又难以割舍，为了记住故土，不使子孙忘却故乡，开始在其简陋住所显要位置设立神龛加以供奉，以寄托对故乡的眷恋之情，所设的神龛牌位各式各样，并不规整统一。后随时间的推移、演化和社会文明的进步，逐步把儒家、道家的思想文化融合在一起，形成今天人们所见的"天地牌"：敬奉天地君（国）亲师位的五福堂，敬奉中宫土地的养牲堂、灶君正神的奏善堂，敬奉本姓历代宗亲亡魂的流芳堂和祭献五鬼七宝牌位的招财堂。在

家龛

云南汉族聚居的地方均有设置，格式大同小异。与其他地方相比，江东村所不同的是，许多地方因时代的变迁和建筑形式的变化，钢混建筑取代了土木构造的房屋，家龛设置逐渐淡出了人们的视野，如今只留存于古宅老屋和少数人家之中。而江东村时至今日，不论时代如何变迁，建筑形式和风格怎样变化，汉族的老宅新屋，家家户户均有家龛设置，在保留历史原貌的同时有所扬弃。江东村的家龛牌以儒家倡导敬奉“天地君亲师”文化思想为中心，衍生了对土地、灶君神灵和姓氏起源郡望及祖宗亡灵顶礼膜拜的形式，摒弃了“五鬼七宝”等内容。因此，在江东村人的心目中，没有家龛的房屋，不能称之为“家”，没有真正意义上家的感觉和归属。

江东村家龛中天地牌的设置，是民间汉文化的典型代表，通常只在汉族人家可见，少数民族人家只设神位，以供奉该民族崇拜、信仰和敬奉的神像，一般不设置天地牌进行供奉。

祭祀　一般江东村人家都是初一、十五和过年、过节举行祭祀仪式，在天地牌前设摆十二盅酒，十二盅斋；一般闰年需要摆十三盅酒，十三盅斋。清早，主人在家龛前的供桌上摆上供品，洗手点烛焚香，虔诚庄重，磕头祈祷，烧钱化纸，心中许下祝愿，祈求一年四季平安吉祥，每日招财进宝、人丁兴旺、家业繁昌。除此，每逢节庆及大小红白喜事村民都要烧香祭拜。

禁忌 年轻男女到别人家忌坐在上座。

亲戚朋友相见忌问收入。

高龄老人死了忌讲死，要说“老”了。

儿媳忌呼唤公婆姓名。

正月初一忌吃米饭，要吃饵丝。

正月初一忌煮饭，忌讳杀生。

正月初一至正月十五忌猪进家。

筷子掉到地上忌说掉，要说筷（快）落（乐）。

吃饱饭筷子忌放在右边，要放在左边，叫变箸。

家里少的东西别人问起来忌讳说少，要说多。

新媳妇进门时忌与公婆见面，故公婆要回避。

伯伯（丈夫的哥哥）忌进弟弟的新房。

在长辈面前忌搭二郎腿。

进山忌捡拾死动物。

盛饭忌饭勺口向上放。

屠宰动物忌说杀，要说宰。

忌狗上房。

遭遇火灾，忌说火烧，要说走水。

生男孩，忌说生男，要说生个砍柴的，满山跑，读书的。

生女孩，忌说生女，要说生个煮饭的，锅边转。

新媳妇回娘家忌哭穷。

忌农历单日子出门。

爹娘死了，孝子忌动刀，忌吃肉，忌穿红衣服、花衣服。

房子建好了，忌说成事了（事与寺同音）。

正月初一到十五忌青蛙叫。

饭煮不熟忌出门。

出门日忌数字四（四与事同音）。

父母生病忌听到乌鸦叫。

宅基地忌前面有深沟，忌后面有水塘。

初一、十五忌杀生。

做豆腐忌生人来敲门。

造酒人忌说酸字，做醋也忌说酸（要说乖）。

运气差忌见丧事。

祭祖忌作揖。

娶亲忌遇着出丧。

生意人吃饭忌说泡汤。

出行 从初一到元宵节，人们都要选一个利于“出行”的日子行“出行”之仪。“出行”礼是带一幅喜神图和三炷线香到桥头或山脚叩首焚烧，并认准有利方向。

过会 附近的寺院做法事，如开光或神仙诞辰，村里的善男信女去参加并送功德。因这些善男信女大多吃花素，即初一和十五不沾荤，故此活动叫“过会”，那些善男信女多聚在一起交流话家常。

缠足 解放前，村里的妇女受“脚越小越漂亮”的封建习俗的影响而缠足。民国时期村里倡导放足，但未能彻底实施。中华人民共和国成立后，缠足习俗得到彻底解决。现在村里缠足的老年妇女已不足十人。

缠足妇女（2007 年）

包“包头”、缠足的妇女

包“包头” 解放初期，男子有戴头套的、有戴绵羊毡帽的，也有包“包头”的。而女子结婚或生孩子后都包“包头”。解放前“包头”的颜色多为青色，少为白色，布料都是自家纺织或当地人家纺织的，民国时期多用从缅甸贩来的“洋布”。中华人民共和国成立后，年轻妇女都用国产的成品“包头”了，布料像枕巾，颜色白底有花或桃红带花。包头布一般长 5 尺（约 1.67 米），宽 1 尺（约 0.33 米）。现在，村里包“包头”的妇女都是 70 岁以上的老人了。

村民院中一角（2015 年）

姓氏家谱

江东村有黄、陈、杨、张四大姓。在600年沧桑迭变中，江东村人不忘祖德宗功，慎终追远，抱本溯源。他们建宗祠、修族谱，沿袭着古老的族规家训，教育后人。“孝悌忠信、礼义廉耻”等道德规范，一脉相传。

江东村主要姓氏有黄、陈、杨、张四姓。黄、陈、杨三姓是明洪武年间（1368—1398）自湖南、四川、江苏等地迁入，张姓于清道光年间（1821—1850）及民国初年分别迁入。同姓宗亲，血浓于水，共祭一祖。村寨里家家户户都有家龛供奉“天地君（国）亲师”五神灵牌位。每个祠堂的正龛上都会表明祖籍家世，成为姓氏宗亲最直观的表现形式。江东村人的治家智慧，集中体现在家谱家训之中。

◉ 姓氏源流

江东村主要姓氏有四大姓，即黄、陈、杨、张。黄姓分布于江云、坝心、中寨、大沟边、茶子园。杨姓分布于上杨家、先锋营、下杨家、江云。陈姓分布于陈家寨、后坡头。张姓分布于江云。

江云黄姓　到腾冲地区始祖为明武德将军广南卫千户黄麟，湖南长沙滦湾人氏，三征麓川时随兵部尚书王骥进军腾冲。明正统十年（1445），黄麟的长子黄钺领兵驻守江东石门。现江云原住址“老地基园”和住址内保存的白砂石碓窝、小柿子树就是祖传的证物。黄姓居江云，现繁衍至第25代，共347户，1289人。

江云张姓　共21户，84人。来自两个地方，一是清道光年间由曲石江北迁入，二是民国初期从明光鸦乌山迁入。

江云杨姓　祖籍南京柳树湾，明正统六年（1441）先祖杨志洪戍边到腾冲，后分支江云落户，共10户，45人。

陈家寨陈姓　自洪武年间到腾冲，先住陈家巷，后定居现址，无异姓加入，一脉流传，同祖同宗。陈氏家谱记载，始祖陈希仁，原籍四川成都府华阳县双河桥大石板。始出仕南京应天府，特授武略将军之职。明洪武年间，奉钦命调派腾冲，并长期戍边，功勋卓著。后裔继袭武略将军之世封。解甲归田后，陈希仁随后裔迁至界头大桥头水井，直到寿终，并葬于此地。2016年，陈家寨陈姓后裔繁衍至第32代，共143户，549人。

坝心黄姓　祖籍湖南省长沙市滦湾镇。明正统十年，黄麟次子黄鉴领兵驻守曲石松坡。清康熙三十年（1691），第十一世祖黄色高迁至江东坝心定居。2016年繁衍至第26代，共224户，973人。

大沟边黄姓　大沟边村民都是黄姓，是江云黄姓的分支。清康熙初年，黄美吾携家人西迁三里守庄子种田地。几年后兄弟分家，庄子产业归黄美吾所有，遂定居于此，取名为庄子寨，此名一直使用到1958年。“大跃进”时，在村东侧修了一条大沟，村名演变为大沟边，使用至今。2016年，共有61户，216人。

茶子园黄姓 村中原多油茶树，故名茶子园。与大沟边黄姓同宗同源，“四固定”时并入下杨家生产队。

后坡头陈姓 后坡头村中都是陈姓，是陈家寨的分支。至15代时，陈大中一支再西迁三里到陈家地。第二代后迁到现址后坡头，居住至今。2016年，共有54户，212人。

上杨家和先锋营杨姓 据族谱记载，与下杨家属同宗不同源。该支杨姓始祖杨保，原籍南京应天府上元县杨家坝。明朝初年，授军职，随征南右副将军沐英入滇，后有一支迁至腾越下北练。繁衍八九代后，杨裕本携家小北迁上北练赤石中寨，后人杨继胜又从中寨迁上寨（上杨家）。为躲避兵祸，一支搬到江东山玉石头坪子和杨家店房居住，即后来的上杨家。一支搬到江东山腹地，因兵祸，男丁全部入伍当兵，编成先锋营，保卫村子，防止外敌入侵。再后来，入伍人员回家，在原地址屯垦居住，寨名就叫先锋营，沿用至今。村民全为杨姓，2016年，共有63户，340人。

下杨家杨姓 据《杨氏源流》记载，原籍为江西道抚州府临川县长宁乡五都新坪堡里杨方村，经商入滇，最后落籍于此，现已传至23代。2016年，共78户，318人（含茶子园）。

黄氏宗祠 原坝心黄氏宗祠坐落在坝心寨子中间，坐南朝北，占地面积268平方米，分正房、厢房，另有2间角楼。金华黄氏坝心支系，是戍边到腾冲的一世祖黄麟之次子黄鉴的后裔。清雍正四年（1726），修建宗祠。宗祠除祭祀祖宗外，亦为旧时学龄儿童求学读书的场所。清光绪元年（1875），花朝月增建厢房，宗祠扇面上左右刻有黄灿珠诗作“居籍传流自江东，修建祠堂供祖宗。诗书教子传三略，礼乐门庭振家风”“面对云山拱赤石，坐向长江绕碧峰。繁华虽重谁入目，不老青松万古同”。

宗祠开始设立私塾，供家族儿童求学。随着后来学生增多，办学规模也逐渐扩大而办成乡学。19世纪40年代末，黄鹤坝开始创办小学校，坝心乡学停办。1955年，黄鹤坝小学撤销，迁往坝心宗祠办江东初级小学。1965年，宗祠成为生产队的公用房。1969年，生产队合并时，坝心寨子头、小园子、坡头、面排为永红生产队，月台、寨子脚为团结队。将宗祠房屋一分为二，永红队拆走正房、大门及厕所，团结队留其余三所在原地做队房。1979年4月，生产队分为6个生产小队，月台队拆走大路旁的一所厢房，厢楼留在原地归寨子脚使用，后小楼卖给黄之周做药房。厢房无人收拾而倒塌，仅留一片空地。

2007年，坝心黄氏后人为缅怀坝心宗功祖德，启迪后人，通过村民集资，由当届管委会负责人黄永康、黄永成、陈德鹏三人组织实施祠堂重建，黄明金负责具体设计施工。2008年，黄氏宗祠建成。

◉ 家谱

黄氏家谱 《金华黄氏腾冲世系家谱》自1996年8月开始筹划，历时一年半，先由退休干部黄占森倡议发起，得到固东地区族望热忱响应，初步建立了家会。为达到凡黄麟后裔不论分支何地，全面落实不遗不漏的目的，力求巨流知源，脉络有序，相继以信函或专人向各地联系发动。家谱编纂又得到明光、瑞滇族望的赞襄以及蒲川、龙江两大黄氏支系的支持，选定专人承担撰写史实、编纂世系、征集资料、管理财务、捐款集资等工作。家谱由黄占城、黄安镇主编，于1998年2月编印，印刷2000册。

陈氏家谱 为缅怀先祖，陈家寨陈氏后裔陈有志退休后，于1985年4月至1986年年底，不辞劳苦访遍县内外陈姓后裔，做了大量的资料收集工作，最终整理编成《陈氏腾冲世系家谱》。家谱收录了到腾冲陈氏支系始祖至32代族谱及历代名望人士，记载了原始祖太碑墓志原文、陈家巷宗祠大碑摘要，并新订族规十条。家谱于1987年编印，印刷100册。

杨氏家谱 江东杨姓有三个支系，即上杨家支系、下杨家支系、江云杨家支系，统称江东杨氏。江东杨氏来源及迁至时间各不相同，属同宗不同源。

上杨家杨氏家谱于1997年由杨涵、杨天华、杨维善整理编制而成，谱中查实了该支系从何时得姓，从何地迁到腾冲及该支系发展繁衍情况，共印刷100册。

下杨家杨氏家谱，由杨绍能、杨绍宝、杨体贵于2004年整理而成，主要记录了此支系杨氏的祖籍、迁徙过程以及迁到现址后支系发展繁衍的情况，共印刷50册。

江云杨氏家谱于2009年开始编写，由杨森邦主编，2010年刊印第二版，第二版印刷520册。江云杨氏家谱主要记录了江云杨氏的祖籍、迁徙过程以及到腾冲后支系发展繁衍的情况。

杨氏家谱的修订，意在正本清源、查缺补漏，借鉴祖宗懿范，垂训子孙。

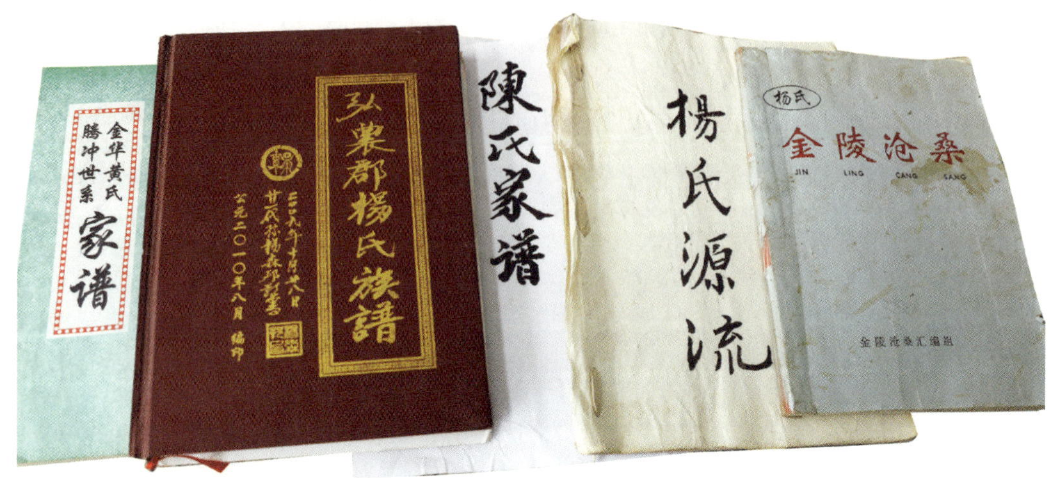

家谱

◉ 家规

江云黄姓家规 君子之道，修身为上，文学次之，富贵为下。苟能修身，不愧于古之人，虽终身为布衣，其贵于宰相之远矣。

孝者，百行之原，人伦之首也。

事亲之道，力无不竭，心无不尽之谓也。

孝始于事亲，忠始于报国，移孝以作忠，即显亲以全孝，此谓之大孝。

孝子之有深爱者，必有和气；有和气者必有愉色；有愉色者必有婉容。故事亲之际，唯色为难，服劳奉养，未足为深孝。

为人子弟，日用问安视膳，温凊定省，唯诺进趋。种种小节，在家庭父母之前，为至德要道。久出必告，返必面。如父母辞世，有远行，亦必拜墓。

人子不能常在父母之前，总要刻刻不忘父母。凡做一件事，必想到此事有益我父母否？时时处处，如此在心，安得尚有不孝之行，安得不为善人。

常知父母之年，则既喜其寿，又惧其衰。

坝心黄姓家规 人子事亲，居则致其敬，养则致其乐，有疾则谨其医药。

礼者履也，循礼则事无不行。义者宜也，守义则事无不得。

教育子女……其道唯何，约言之有四戒：一戒晏起，二戒懒惰，三戒奢华，四戒骄傲。既守四戒，又须归以四宜：一宜勤读，二宜敬师，三宜爱众，四宜慎言。

一须勤读敬师，二须孝顺奉母，三须友于爱弟，四须和睦亲戚，五须爱惜光阴。

幼而学者，如日出之光，老而学者，如秉烛夜行，犹贤乎瞑目而无见者也。

为人之道，可一言而尽，曰诚而已。不二所以为诚也。

君子小人所为不同，其分界处，仅在公私之际，毫厘之差。

人与禽兽之分，在耻之一关。人到无耻地步，则天良尽泯，父兄无所用其教，师友无所用其规。无向上志气，岂复有向上事业？居官不耻为奸，哪得为忠；为子不耻为逆，哪得为孝；居乡不耻为恶，哪得为善。迨至失言、失色、失足，恬不知耻；悖论、逆理、干纪，不为怪，此与禽兽何异？人能知耻，而复羞恶之心，乃起死回生之机也。

陈姓家规　居家务期质朴，教子要有义方。

饱食暖衣，逸居而无教，则近于禽兽；教子女之道，莫切于此。

尊长亦须接下以礼。即卑幼有过失处，勿攘臂秽骂，致自失体统，而贻幼小以自卑之感。

家教以身教为重，凡为父兄者，先自立于无过之地，一言一动，皆为之表率，则子弟涵育熏陶，自无荡检逾闲之患。

大凡子弟须从小时约束，饮食必示之节制，不可因有余而任其醉饱；衣服必示之朴素，不可因有余而任其华美；长幼必示之有序，不可任其先后逾越；言语必令其缄默，不可令其谈笑喧哗；举动必令其雍容，不可任其轻浮。自然可成一好人。

取与之际，最要分明，亦最易蒙蔽。非义之物，一介不取，一介不与，此是为人第一立脚处。

不贪财，不失信，不自是。有此三者，自然鬼服神钦，到处为人敬重，尤宜慎之又慎。

为善去恶，便是趋吉避凶。

刻薄为杀身之本，忠厚为植德之基。

愚人看得奢侈是行乐，君子看他却正是受苦。

有心之过大，无心之过小。

杨姓家规　过则人皆有，未足为患，患在文饰；倘不文饰，非过也。志士之过，布漏不隐。

言语需要温文，动容需要谨慎。择地而蹈，亦当和易，而不至于太矫；择人而交，亦当涵容，而不至于太狭。责己宜重以周，责人宜轻而约；自养宜清苦，待人宜从厚；驭下宜严密而有恩；日用当亲手检括，而勿轻假手于人。

爱其子而不教，犹为不爱也。教而不以善，犹为不教也。有善言而不能行，虽善无益也。

治家之道，勿以微嫌而疏至亲，勿以小愆而成大怨。门无杂宾，架无杂书，新无杂想，家无杂费，杂之一字，大可戒避。

与其遗财产与子孙，宁使子孙能自食其力。

处家可省则省，不当处最要省，当处又最不可省，勿轻易借贷。总要懂得此旨，方不是破家子，不是守财奴。

嫁女择佳婿，毋索重聘；娶媳求淑女，勿计厚奁。

善欲人见，不是真善；恶恐人知，便是大恶。

非分之财，即为祸端，积之愈多，为害愈大，毁家伤生，悔不当初。唯有洁身厉行，远财与色，为修身齐家之大要。

父母生我而有先后，故有兄弟，兄友弟恭，长幼有序，人之常道也。宗族之内，不论亲疏，凡吾同行，皆兄弟也。当推友恭之谊，而均手足视之。更有与吾父同行，与吾祖同行者，皆父、祖之兄弟也。更当益广友恭之谊而及之。于此再扩而大之，将及于全族。人孰无族，族皆如是，则世教纯，而世风正矣。

困苦之时，正是磨练造就阅历人情世故之候，一生本领，尽在此处得来。不可困而委顿，如无根小草，不耐风霜。看遍二十四史，古来有大功业人，孰非从艰难困苦中来。

终身让路，不枉百步；终身让畔，不失一段。

张姓家规 防小人之道，正己为先，己既正，则在我无取诬之由，在彼亦无乘间之处矣。

世极深极险矣，我只浅易；世极奇极怪矣，我只平常；世极浓极艳矣，我只淡泊；世极崎岖矣，我只率直。不唯不失我；而世之险怪，且无奈我何。

乡里是同乡共井，比居相近，务须一心一德，好事大家共成之，不得故生异同；不好事大家共改之，不得私行诽谤。彼此交际，和气蔼然。

乡党中有事物争执，互起衅端，应仗义而出，任作调人。本公道之主张，保地方之安宁，使之情理得平，纠纷遽解。既为方便之门，亦为造福闾阎之道。切勿阿强扼弱，附众抑寡，挟势徇情，武断偏袒，利人之危，乘人之急，以图渔人之利。树敌危己，自食其祸。

年高有德者，必恭敬之；困苦卑贱者，必周恤之；闺门隐事，不可传播；口舌闻非，不可挑唆；疾病死丧，大家扶持；火烛贼盗，大家救援；相争讦告，力为调停劝解。自然尔亲我爱，讼狱全无。

古树新芽（2009年）

静美小院（2016年）

艺文杂记

古老的碑刻、匾题、楹联，见证着江东的历史人文。神秘的故事传说，折射着江东的过往云烟。丰富多彩的民间歌谣，传唱着江东人的家国情怀和精神追求。文人墨客的诗词歌赋，吟咏着诗画田园的大美江东。

◉ 诗词歌赋

江东银杏赋

刘正龙

极边第一城腾冲，有银杏村者，名曰江东。是处江流一线，断岸千寻。瀑布三叠，白练垂江；桥名天生，彩虹凌空。东山翠障，横亘霄汉；石门天险，吞吐风云。将军血战，碑铭载记；悬崖印迹，神鬼磨针。江东台地，银杏成林。水抱山环，一方胜境。

村之由来久矣。昔洪武开边，屯军移民。遂有中原银杏，斯土植根。八千里古道，征尘成鼓；六百载星霜，树大根深。春秋迭代，茂林蓁蓁。看十里巷陌，千家瓦屋；万株银杏，一川烟景。遍房前屋后，条枝掩映；墙边院落，玉树临风；田头地脚，参差弄影。疏枝放伞，撑起清荫覆地；密叶筛金，点染行人衣冠。夜月暗香，孕结奇胎之果；琼枝缀玉，摇落翡翠之雨。远古活化石，摄山川之灵秀，生生不息；看取果中仁，聚日月之精华，玉润珠圆。

至若暮秋之际，霜染层林。锦霞灿灿，此间有大美；金风飒飒，落叶满江村。万千金蝴蝶，漫天起舞；片片黄金毯，匝地横铺。粼粼瓦屋，转眼尽叠黄金甲；青青石板，蓦地洒成金箔路。村头纵观，一山爽气洗眼；凉亭小憩，八面清风涤肺。如此绝胜风景，何人不醉？置身画里，梦幻悠游。

是处尘飞不到，花气袭人。池塘荷风，浮动莲子之香；林梢明月，轻笼田园之梦。紫燕啁啾，嬉戏屋檐之下；白鹭翻飞，悠然阡陌之畴。天籁地籁，鸣曲交响；人间仙境，水木清华。熙然而乐者，银杏村人也。此间无市井之喧阗，有淳朴之乡情。色香一席，别样山肴野蔌；绿茶三盏，殷勤古道热肠。赏心悦目，白瓷盘中翡翠；甘芳润口，黄楠桌上珍珠。银杏烹鸡，美味比东坡之肉；香蜂佐酒，野趣催陶令之诗。

观其虬根盘地，伟干凌霄，其本正直，其质坚韧。栉风沐雨，展挺劲之雄姿；傲雪经霜，显生命之顽强。不偏不倚，君子之风骨；秉德无私，国粹之根脉。树犹人也，人犹树也。惟耕惟读，遵家传家之古训；树木树人，继世守之村风。老者安之，安享仁寿之福；少者乐之，乐生积善之门；巷里睦之，睦邻文明之村。鸡鸣犬吠，同声相应；短墙疏篱，同气相求。

树下村居（2013 年）

一村银杏，枝枝叶叶生机无限；千古遗风，子子孙孙无穷匮矣。拔地参天，立根基之永固；思源抱本，延万世以流芳。天人和谐，看桃源风景。喜尧天舜日，欣逢盛世；驰金光大道，齐奔小康。诚可谓：古道沧桑千秋雨，天人合一银杏村。

银杏村吟

刘正龙

江东秋色

飒飒金风舞层林，万株银杏起秋声。
村村黄叶天尽染，满目江东日暮云。

银杏人家

屋后房前树交加，秋来把盏话桑麻。
风飘落叶君莫扫，洒地金钱百姓家。

流金岁月

树木树人六百春，拔地参天荫子孙。
岁月流金秋色里，中国银杏第一村。

石门天险

峭壁斑斑剑磨痕，千秋风雨下石门。
将军百战捐躯处，铁马金戈夜有声。

古洞奇观

古洞幽深险且奇，穿山十里贯东西。
暗流潆洄千百转，水殿仙台探欲迷。

火山峡谷

千仞峡谷一线天，火山胜迹万斯年。
横空栈道烟霞里，鬼斧神工叹奇观。

江东银杏

刘振东

屯戍谁带公孙树，何年何人手自栽。
古木苍苍今无语，年轮几许费尔猜。

古银杏四季

刘振东

初春

乍见古木似干枯，远客连声叹可惜。
不识枝头万千芽，已沐春风蕴生机。

仲夏

骄阳如火正中天，巨伞撑开院落间。
荫庇游人驱酷暑，清茶一壶享悠闲。

深秋

褪去绿袍着黄袍，抖落金甲满院飘。
最妙年年秋深处，人游日日涌如潮。

严冬

严冬时节草枯黄，唯我挺拔傲雪霜。
虬龙盘根扎大地，千秋苍劲摩穹苍。

田园村景（2009年）

江东农家

刘振东

山上青青山下黄，农家正为游人忙。
银杏核桃摆上桌，沏茶斟酒唤跑堂。
美蔬美食飨嘉客，热肠热心话沧桑。
古道民风赛桃源，江东胜似神仙乡。

观三叠水瀑布

邵曰能

万松崖上望眼开，隔江飞瀑下山来。
天籁轰然催战鼓，千军万马杀敌回。

江东石门

邵曰能

悬崖中断驿路开，险绝江东旧亭台。
父老争说磨针鬼，将军匹马控关来。

新建江东银杏村公路大桥

邵曰能

断岸深千尺，江流不闻声。
一桥跨天堑，直抵银杏村。

题江东银杏村

端午

就为一片思乡情，不远万里戍边城。
春华秋实六百载，又是一年赏金时。

贺朝圣 · 银杏村留别

韦成树

满斟绿醑留君住。莫匆匆归去。三分春色七分秋，更一番风雨。

花开花落，更见几何？且高歌扶树，不知来岁金叶时，再相逢何处。

渔家傲 · 银杏叶

韦成树

林下秋来风景异，黄叶飘落无留意。北面风来寒意起。东山上，翠色苍松仍挺立。白果飘香宅院里，游人流连无归意。金叶纷纷落满地，人陶醉，一地金色印眼底。

应天长

李天鹤

何人铺就遍地黄？相思一叶金秋赏。桃源梦，净土藏，千年古树诉衷肠。

银杏村，忆桑沧，古树古巷徜徉，斑斑驳驳青石墙，影一鞭斜阳。

沁园春 · 银杏村

李天鹤

清风凝露，由午及暮，追光逐梦。看道旁白鹭，展翅高翔；弯腰稻穗，黄绿芬芳。山高且峻，云疏风朗，徐攀高处看骄阳。文笔塔，望一江烟树，万川苍茫。

秋中银杏长廊，老牛蹒跚漫步时光。看村外忙碌，谁解风情；农家闲暇，落日遗荒。古今佳话，辉煌描尽，年年岁岁思千行。自徜徉，待深秋之日，再赏金黄！

长相思 · 银杏村行

李天鹤

美一路，喜一路，无边景色收不住，漫天银杏树。

走一段，赏一段，入秋潇潇叶打面，遍地黄金毯。

声声慢·固东银杏

李仲田

金丹波若，瑞叶枝柯，沐风仁慈相贺。月舞湖波，千载生香还糯。冬风荡摇袍落，夜梦回，别样情锁。诗人喜，天籁歌桂酒，大韵佳作。

遍地金帘壮丽，抬望眼，西岸大江狂卧。黄俊陈仁，何故相中巍峨？诚钦善襄德里，道传续，守望顾妥。山水醉，战耕勤俭同车轲。

临江仙·江东香绣银杏下

李仲田

江东香绣银杏下，漫天金叶飘麻。巧雕烟柳贡山茶，鸳鸯戏水，仙鹤向朝霞。

七彩喜线新婚锦，九招龙凤归家。花腰如意送鳞娃，身披绸缎，件件走天涯。

临江仙·龙江西畔逢道仙

李仲田

龙江西畔逢仙道，江流峻急波频。鞭来巨石重千钧。天生巨渚，相望两嶙峋。

西园翰墨高士众，东边银杏昌藩。留熏道德馥民珍，华文明播，山水汉家春。

秋色（2013 年）

小调

中央军抗战小调

过完正月到二月，老蒋开兵到腾越。
来到腾越战线少，接个战役歇一歇。
三月里来山茶香，日本队伍到潞江。
来到江边接一战，日军难进国中央。
四月里来四月三，日军来到马面关。
马面关前打一仗，吓得日军满山钻。
五月里来雨水多，日军打到大灰坡。
头上飞机来轰炸，脚下陆军来追着。
六月里来雨水流，日本军队到界头。
机枪大炮都撵掉，杀得日军不存留。
七月里来谷花开，日军撤到瓦甸街。
日本要占中国地，日本鬼子打不开。
八月里来桂花开，鬼子退到固东街。
团长住在普楚寨，师长住在固东街。
九月里来收谷忙，日本队伍开过来。
大区扎在刘家寨，队伍住在中顺江。
十月里来寒气流，日军退到响水沟。
烧杀抢掠丧天良，只见血流似水淌。
十一月里来黄草多，日军败退老草坡。
国军在后猛追打，日寇逃过新桥河。
腊月里来梅花开，美国飞机飞过来。
天上地下齐进攻，大小鬼子埋尘埃。

大沟调

江东是个好地方，豆子肥来谷子壮。
能种花生和玉米，麦子苦荞和高粱。

河中搭坝能拿鱼，原来可是鱼米乡。
江东无水难生产，百姓无法交皇粮。
五八年来“大跃进”，处处开出鲜艳花。
县级派来工作组，要让江东水利化。
人人都把主意拿，开沟灌田细谋划。
技术干部多积极，又上山来又下坝。
碰到岩石炮杆打，再用炸药炸倒它。
多有藤子倒刺挂，土方沙方更要挖。
工地提倡山歌化，男的唱来女的答。
三天要开表扬会，红旗落在哪一家。
提倡安全意义大，大沟流水响哗哗。
修起碾米磨面厂，有水就能早栽秧。
增加公粮卖余粮，又爱国来又发家。
现在凡事有规划，还要维修保护她。
多养鸭鹅多放鱼，水有保障种荷花。
粮食富足民安乐，村容村貌大变化。

家园调

正月里来父子亲，父子说话莫相争。
当家才知盐米价，养儿才报父母恩。
二月里来公孙亲，公孙说话莫相撑。
小孙还要公来抱，公老还要小孙们。
三月里来婶侄亲，婶侄说话语要真。
知人待客婶婶去，挑水煮饭小侄们。
四月里来弟兄亲，兄弟相合有知心。
打虎还要亲兄弟，上阵需要父子兵。
五月里来叔嫂亲，叔嫂相处要知心。
弟兄本是亲手足，切忌不可起毒心。
六月里来夫妻亲，夫妻相敬要真心。

百年修得同船渡，千年修得共枕眠。
七月里来姐妹亲，姐妹来往需诚心。
针头线脑要同用，不知几时出了门。
八月里来邻舍亲，邻舍相处要换心。
房林地土莫贪心，儿孙自有儿孙福。
九月里来亲家亲，叔伯兄弟互尊敬。
猪牛打园要帮搀，闹起事来不好听。
十月里来寨邻亲，寨邻相处莫欺心。
大事小事要请到，做人做事要公平。
十一月里师长亲，师生相处要交心。
知识尽在诗书里，听解学习要专心。
十二月里朋友亲，相互往来莫欺心。
讲话做事互留面，金花银叶同根生。

画秋（2010 年）

地名调[①]

正月里，庆春王，千羊百马云华乡，嘉庆东华和睦冲，朝云以下秧草塘，宠炆山对打云寨，响水沟上王家坪。

二月里，马站屯，左所生出空山营，沐水河内水月寺，马站街旁新旧村，朝阳寺前西山脚，塘子坝上胡家湾。

三月里，坵坡屯，大齐起早保谷村，面街买下茶园地，中村福地降燃灯。

四月里，碗窑屯，石窑起火冲霄云，龙头摇进大河寨，凤尾摆出坡上村。

五月里，顺江屯，上中下顺刘家村，黑龙湾进海坝内，天子永镇太平村。

六月里，阿摆屯，五台坡脚三家村，小团坡脚犁头匠，竹棵庙前赵家营。

七月里，甸苴屯，麻栎坝头荥阳村，大二百亩三叠水，高松树后董家村。

八月里，江东屯，黄鹤坝脚有天生，石牛含住葫芦口，龙马跳过谷家村，

坝心村内有月台，石门下面鬼磨针，白羊寺前陈家寨，上下二杨庄子村。

九月里，固东街，圆通寺下石月台，新寨脚下段家寨，河头寨向平盏村，

新老湾塘隔河望，老寨河底连青岩，晒米装进石屯子，黑白塔上马鹿街。

十月里，正立冬，小甸后头有云峰，普楚理洪小河口，罗香小寨贤天宫。

十一月里，回龙乡，黄塘坝前黑鱼塘，大二三尖云岩寺，鸦乌新街称明光。

十二月里，瑞滇乡，腊幸川子到天堂，黄牛山脚杜家寨，忠孝文武保高王，

寸家庄有大梨树，山寨河西郭家营，横山柞木柴家营，麻栎坝内傈僳乡。

闰月里西连屯，西连川子有奇闻，云峰万福有灵应，共保大西十三屯，全屯土主多显应，打败日本出腾城。

送郎调

一送小郎花枕头，打烂灯盏泼了油；
打烂灯盏油自泼，就怕染坏花枕头。
二送小郎箱子边，打开箱子亮亮钱；
拿着五百买菜吃，剩下五百做本钱。
三送小郎堂屋中，上边坐着三叔公；

---

① 源自皮影戏词，为江东皮影艺人杨连坤创作，沿用至今，有改动。

管你叔公不叔公，当着叔公送表兄。
四送小郎堂屋门，一对门神笑盈盈；
我问门神笑什么，夸我媳妇会做人。
五送小郎廊厅阶，廊厅阶上有伯伯；
伯伯望妹哈哈笑，妹望伯伯舍不得。
六送小郎灶门前，打碗豆腐来煎煎；
豆腐不黄用油炸，妹和小郎说鲜鲜。
七送小郎院子心，筲箕滤饭甑子蒸；
头上蒸的糯米饭，中间蒸的腊肉心。
八送小郎大门脚，留郎不住跺跺脚；
爹娘问我什么响，新做鞋子不合脚。
九送小郎大门前，跺跺地板叫黄天；
叫声老天快下雨，再留小郎坐两天。
十送小郎五里坡，再送五里不为多；
去到路上有人问，就说表妹送表哥。

秋日童话（2016 年）

江东十二月

正月里来是新春，家家户户爆竹声，祈祷一年行好运，一年更比一年新。
二月里来惊蛰天，万木争春人向前，创新发展增百业，人人脸上微笑现。
三月里来是清明，农业备耕好光景，育好良种精耕种，丰收在望喜盈门。
四月里来夏至天，一片绿海满人间，生态和谐人长寿，妇女撑起半边天。
五月里来耕作忙，田间地头闹嚷嚷，科技兴农求发展，拉线条栽行对行。
六月里来是暑天，管好水稻管烤烟，施好化肥除好草，秋天收入翻一番。
七月里来秋风爽，稻谷扬花烟叶黄，成熟采摘是关键，忙坏老爹忙坏娘。
八月白露果满枝，银杏树下忙针织，绒绣绣出雨中燕，燕衔秋蝉好作诗。
九月寒露果飘香，户内银杏白茫茫，商客云集好交易，一年更比一年强。
十月里来是立冬，一片黄海金色浓，游客争看黄金叶，街头巷尾笑开颜。
冬月里来大雪天，黄金海景最壮观，车水马龙人流至，农家乐里乐翻天。
腊月里来是大寒，喜迎新春又一年，银杏树下饮美酒，江东村里唱明天。

◉ 山歌

情歌对唱

端把交椅拦路坐，拦住小妹唱山歌；
手掰银杏等哥来，望哥一天又一天。
哥一个来妹一个，好比牛郎与织女；

山歌对唱（2008年）

写生

今日哥妹到此地，哥唱妹随接起来。
银杏树叶似黄金，永跟哥走不变心；
妹是秋叶随风摆，哥定哪年算哪年。
约定每年深秋时，我俩相聚银杏园；
慢步走进银杏村，处处景色真迷人。
村容村貌搞得好，农家休闲又温馨；
农家小院迎宾客，生态佳肴美味鲜。
山歌皮影古文化，村村寨寨锣鼓喧；
东家搭起对歌台，银杏树下唱起来。

漫步银杏林（2011年）

游客流连银杏林（2011年）

声声唱出心里话，传承文化在民间；
自从盘古开天地，三皇五帝到如今。
秦时有个孟姜女，千里寻夫是真情；
梁山伯与祝英台，生死依恋传后人。
传说有对天仙配，美满姻缘不离分；
天上无雷不下雨，地上无媒不成亲。
哥是针来妹是线，缺着穿针引线人；
昨晚观音来托梦，银杏树下找知音。
今日哥妹来相会，银杏树下配姻缘；
牡丹还要芍药配，芍药牡丹连根生。
山中只有藤缠树，世上哪有树缠藤；
藤缠树来树缠藤，蛟龙摆水永不分。
听了哥家心里话，不吃茶饭也甘心；
哪个九十七岁死，奈何桥上等情人。

十二杯酒

一杯酒慢慢斟，二人坐下盘根生；
郎是腊月三十晚，妹是十六闹花灯。
二杯酒请妹斟，请问妹是哪方人；
妹是江东张四姐，上下二寨有名人。
三杯酒竹叶青，扯把竹叶垫杯心；
连酒带叶吃下肚，酒在肚来事在心。
四杯酒共二双，上瞒爹来下瞒娘；
中间瞒住哥和嫂，二人做事二人当。
五杯酒是端阳，苍蒲药酒配雄黄；
郎吃三杯不会醉，妹吃三杯倒下床。
六杯酒热难当，多栽杨柳少栽桑；
有心栽桑桑不发，无心插柳柳成行。
七杯酒七荫荫，十字街前买手巾；
郎开一把巾裹汗，妹开一把汗裹巾。

八杯酒早谷黄，收开早谷种高粱；
好吃不过高粱酒，爱玩不过少年郎。
九杯酒九仙桃，九个仙女造仙桥；
是我亲夫桥上过，不是亲夫水上飘。
十杯酒十字圆，十字街上划两拳；
郎划八仙来贺寿，妹划小哥中状元。
十一杯酒郎要走，四面八方有人守；
绳索链夹随身带，玩耍路上放你走。
十二杯酒郎要回，四面八方有人围；
墙里出事妹来管，墙外出事妹担忧。

山歌对唱

对门对户对石岩，石岩头上有细柴；
干柴见火飞来着，妹见哥哥绕路来。
对门对户对石岩，石岩头上有生柴；
干柴见火飞来着，生柴见火也要燃。
隔河相见一蓬葱，葱花开放粉冬冬；
一心想从花中过，河涨水大行不通。
隔河望见花一苗，有心采花又无桥；
郎搬石头妹搬土，二人造起采花桥。
隔河望见花一林，花多叶少爱饱人；
心想与妹终生过，又无穿针引线人。
隔河望见花一蓬，人又鲜鲜花又红；
只要妹心合郎意，不用穿针引线人。
隔河望见花一山，花园外面围栏杆；
总有一天栏杆断，跳进花园采牡丹。
花枝花叶随哥采，不要损坏花本身；
花枝花叶哥不采，搬倒花树采花心。
采花要采真花朵，真花着水又鲜鲜。

◉ 传说

龙马跳的传说

龙马跳，地名，位于天生桥上游约 200 米处。

传说在清康熙末年，四合村后坡头一陈姓人家有几亩薄田，男耕女织，日子过得还算平和。他家养着两匹骒马（母马），农忙时用来驮运耕作，平时就散放在家门前的草坝子上。马儿也很听话，天天早出晚归，无需人去照管。有一天，陈老头意外发现两匹马都怀孕了，不由得喜出望外。他在心里如意小算盘一敲，假如下一年增加两匹小马驹，岂不是收获不小？从不关心马的陈老头，也开始动手照料起两匹马来。他每天清早去割一担上好的马草，白天亲自把马放到水草最肥美的地方去，晚上用干草铺垫马厩，给马儿上水添草料，悉心备至。

一年后，一匹小驹降生。老陈头高兴得合不拢嘴，心想第二匹也快要出生了，小户人家将要喜事连连。说也奇怪，一等就是几个月，却迟迟不见小马驹的面。老人百思不得其解，连忙去请当地有名的兽医来看。一番诊治后，兽医告诉老陈头："此马胎位一切正常，小马发育良好，没有什么问题，你再耐心等几个月吧。"老人将信将疑，心想等就等吧，看看到时能生出什么龙种来。盼呀盼，大半年又过去了，还是不见踪影。老人灰心了，遂懒得搭理它。又过了一段时间，有一天晚上突然雷电交加，风雨大作，马棚里传来一阵阵嘶鸣声，动静着实不小。老汉赶紧爬起来，胡乱披上外衣，提起马灯跑到马厩，原来是那匹久怀不产的母马生了。一看小马，体形模样、四肢身段还算可以，就是一身毛色杂乱，灰黑白错综，极不入眼。不过，翘首期盼总算有了结果，老人心里一阵高兴。然而过了不久，那匹母马染病死了，老人着实生气了好一阵子，从此对小马也失去了兴趣。小马孤苦伶仃，无依无靠，它每天天亮了溜出去，天黑了再回来，日复一日，也倒自由自在。

几年后盛夏的一天，一乘小轿来到天生桥头。轿中人见轿夫行路艰难，便下轿而行，只见他五十上下，容貌清秀，一身府衙师爷打扮。他拄根拐杖，踏阶而下。刚来到桥头，只见晴天白日里，河水无缘无故突然暴涨，浊浪掀天，震耳欲聋。四根横木搭在河两岸石墩上，看那阵势，凌空飞起的浪涛随时会将其卷走。那人大着胆过桥，到了桥中央，他用拐杖往桥下点了点，棍头刚好触及水面。待战战兢兢过到对岸，他早已吓出一身冷汗，轿夫们在后边一个个目瞪口呆，但看师爷通过安然无恙，也只得硬着头皮赶紧跟上。

一伙人沿路顺着石台阶往上爬，径直到黄鹤坝的一棵大树下休息。放眼望去，四野开阔，草密树稀，好一个一天然牧场，只见一匹小青马卧在前面的一棵树下打盹。师爷好奇，就凑过去想要看过究竟。那马听到脚步声，遂警觉地睁开眼睛，竖起耳朵，惊奇地看着逐渐靠近的不速之客。师爷停下脚步，细细打量眼前的马，乍眼一看，没啥稀奇，定睛细看，只见那马从脚到头各个部位都符合千里马的特征，美中不足的是毛色差了点。师爷掏出随身所带的《相马经》认真对照端详："七青八白九上斑……"马今年七岁，过了年八岁，毛色不是就要变白吗？他想到这里，不由喜出望外，那马非常有灵性，见来人并无恶意，瞬间变得温顺不已，如遇知音，任其随意观瞻。

轿夫走上去问道："大人怎的如此高兴？"师爷道："我奉县太爷之命到大西练考察民情，顺便给他买一匹称心坐骑。我们一路从云华、马站、顺江上来，相马无数，却没有一匹中意的，今天终于找到了，真是'踏破铁鞋无觅处，得来全不费功夫'，怎不让人大喜。此马虽其貌不扬，但却属上品。有道是'千里马常有，而伯乐不常有'，此马若是不能与我相遇，就要在这草坝里老死终生了，那才叫可惜！走，随我到前面寨子里一问，把马买下。"于是一干人找到老陈头家，宾主寒暄过后，师爷开口问道："老人家，村口草坝子里放着的小青马是您家的吗？""是呢，是呢。""能否舍得卖给我们？"老陈头爽快地回答："只要大人您看得上眼，牵走就是，不消什么钱。"师爷闻言，连连作谢并婉言拒绝："老人家，您太客气了，马是您老的心爱之物，若是您不收钱，我们可不敢要！"说着从怀间掏出三两纹银，硬是塞给陈老汉。陈老汉推辞不得，只好收下，口中谢意不迭。师爷说道："麻烦您老再帮我们养十天，等我们回来时再来牵，草料钱另付算。""没问题，没问题，一定给大人您照料得油光水滑，膘肥体壮！"陈老汉欢喜不尽，满口应承下来。

十天后，师爷一行视察了天堂关、地盘关后原路返回，到后坡头找到陈老汉家，住下一宿，第二天一付清了草料钱，与陈老爹作别上路，厚道的陈老汉还给他们包了一大盒饭菜做晌午路上食用。师爷满心喜欢，他牵着马边走边爱怜地抚摸着马背，爱不释手，轿夫抬着空轿跟在后头。他们来到天生桥北岸，师爷对二轿夫道："你二人到桥对面等我，咱们待会再聚拢。"

师爷牵马继续走到天生桥北面岸上约 200 米处，有一窄口，宽约二丈，再上几米，

静谧银杏园（2014年）

有一浅水沙滩，人和马就在那里畅快地洗起澡来，连日来的跋涉劳顿瞬间烟消云散，惬意非常。马经清水一冲刷，顿时“才美外见”，原本的青毛灰尘不见了，浑身上下一身银白，无一根杂毛，真个脱胎换骨，精神抖擞，神气百倍。师爷见状喜不自胜，颔首捻须，称赞不已。马儿发出欢快的鸣叫，移步上前，对师爷磨头擦耳，扬蹄甩尾，十分亲昵。师爷伸手抚摸它的鼻梁，捋捋鬃毛，抹抹脊背，然后一跃上马，拍拍马的脖颈。霎时，白马引颈长嘶一声，驮着师爷腾空跃起，稳稳落在对岸的巨石上，张开四蹄，扬长而去。

从此以后，人们就将此地命名为龙马跳，流传至今。

天生桥的传说

雄伟险奇的天生桥下终年流传着一个美丽的传说。

固东坝子上贯穿着三条河：一条是自西向东涓涓不息的小甸河，一条是从西北向南浪涛滚滚的瑞滇河，也叫西河，还有一条是从北向南汹涌奔腾的明光河，也叫母龙河。很久以前，西河顺坝子西边而奔流，到顺江与甸苴河交汇，再从石门坎流出，而明光河流至天生桥汇聚成深潭。相传，这三条河是三条龙，明光河是母龙，另外两条是公龙。西河龙渐渐对东河母龙产生爱慕之情，两情相悦，山盟海誓，并互相约定，凡是月明星稀之夜便约会，喜结同心。情意绵，爱之切，然天公不作美，经常闭云羞月，两情侣聚少离多，难解相思苦。于是西河龙就想了个办法，请土地公公做了片形如明月的石头，点化成灵，悬浮两河之间，只要日落西山，石头就明若皓月，亮如白昼，无论晴空万里，还是乌云密布，小两口都如期而至，夜夜相聚。从此，两条龙日相思、夜相守，情投意合，恩恩爱爱、如胶似漆。西河再也不去光顾下游，下游便成了现在的“干江”，一弯明月般的大石头成了鸦乌山下的“石月亮”。

可是，甸苴龙也深深恋着东河这条千娇百媚的母龙，看到西河龙和东河龙柔情蜜意，妒火中烧的甸苴龙不断奋力冲撞悬崖顽石意图向北靠近东河母龙，强大的倾轧力量慢慢地导致两者之间的距离仅有一条狭窄凸起的石埂之隔，人们便叫它天生桥。眼看甸

天生桥（2018年）

苴龙的企图将得逞，然而母龙感情专一。她讨厌突如其来的第三者打扰他们幸福安宁的生活，怒气冲冲地跃出深潭驱逐甸苴龙。一对冤家杀得天昏地暗，难解难分。他们的恶斗给人间生灵带来了灭顶之灾。“轰隆隆”一声巨响，大坝决堤了，犹如脱缰狂魔般的洪水肆虐吞噬了坝下良田村落，一江浑水把坝子一劈为二，两岸村民隔江相望。灾民的哀号声震动了凌霄宝殿的玉皇大帝，玉帝派大力神降临凡间治理水患，解救生灵。

话说，明光与固东之间有三座尖山拔地而起，直冲霄汉，人们称之大尖山、二尖山、三尖山。大尖山威武雄峻，气势非凡；二尖山身形魁梧，虎背熊腰；三尖山五短三粗，滚圆结实。得知大力神奉旨治水的消息，三座山都争先恐后想为其效劳。大力神决定选派二尖山来治，大尖山不服，说：“今晚鸡叫前你必须让二弟把水彻底堵上，否则让我去。”大力神答应了他。他驱赶着二尖山的头顺河而下，工于心计的大尖山却百般刁难，他在沿河设置深塘险滩、凶波怪石、奇岩叠水等障碍，试图阻碍大力神以二尖山治水。大力神冲破重重艰难险阻，终于把二尖山的头赶到了“新湾塘”。眼看大力神的成功就在眼前，狡猾奸诈的大尖山却使出更阴险的一招——学公鸡叫，公鸡一打鸣，周边寨子的雄鸡也跟着叫唤不停。大力神正累得晕头转向，哪里来得及辨真假，一听公鸡长鸣，他只好偃旗息鼓。二尖山的头就这样留在了湾塘的河中，千百年来，任狂风激浪

时光之语（2011年）

冲刷，依旧岿然不动。这就是人们叫作“石墩子”的巨石，也是整条东河多数地方平缓流淌，而从二尖山到新湾塘这段激流跌宕的原因。

大力神首战未捷，急忙回去禀报，玉皇大帝没有责罚他，继续派他再用三尖山来治水，将功折罪。就在此时，人间的打斗正酣，西河龙游出潭增援爱侣，与甸苴龙搏斗，互不示弱，直打得地动山摇。大坝已决堤两口了，大缺口是东河龙所为，小缺口是西河龙游出之穴。十万火急，刻不容缓，大力神不敢懈怠，他取了三尖山的很多土，一担挑起，沿山梁而下。这一回大尖山恼羞成怒，叫来很多乌鸦化作美女沿途献媚，存心干扰大力神的心智以拖延时间。大力神心猿意马，歇下担子与美女搭讪。这担土一着地就立即变成了两座小山，人们叫它“双山”。

两次治水未成，玉帝勃然大怒，他惩罚了办事不力的大力神和惯施诡计的大尖山，重新派专司治水神工下界治理水患。那治水神工原本大禹后裔，他采用祖辈治水神招，改堵为疏，让固东坝子的水融会贯通流在一起，和睦相处，不准再有纠葛纷争。天庭雷霆震怒，三条龙不敢再有异议，私人恩怨烟消云散，和和气气地串成一条“龙川江”。后来，曾经的固东水潭变成了今天的万顷良田。

邓参将在江东的传说

明代抗倭名将邓子龙，字武桥，号大千。别号虎冠道人，嘉靖七年（1528）出生于江西丰城。他魁伟敏捷，骁勇善战，用兵如神，善书法，喜吟咏，文武全才，而且精通易学，擅长地理风水，著有《风水说》《阵法直指》《横戈集》。官至大明水师副总兵，人称邓参将。

万历十一年（1583），大臣早朝上奏明神宗朱翊钧，说西南边境腾越的黉学、干洞坝、石洞坝三处是“龙穴”大地脉，将来会出反王扰乱朝纲，必须即速派人前去铲除，以绝后患。神宗准奏，立即派时年55岁的邓子龙将军到腾越，查实处理龙脉事宜。邓子龙至腾后，同知漆文昌盛情接待，并在满邑邸塘专为他修建万华馆栖身。一天下午，邓参将由明光石洞坝破地脉返回，下鸦乌山坡，在马上远远望见江东方向龙江西岸小坝山中，似乎是一穴犀牛望月的大地脉。他大吃一惊，挥鞭催马，对着小坝山方向狂奔，临近目的地，视野变得有点模糊，他在左边看，地脉之首好像在右边，他走到右边看，脉首又好像在左边。如此左瞧又瞄，反复多次，始终无法确定地脉的具体位置。最后，邓子龙又疲惫又烦躁地说：“哎，不找了，这是不过一头躲山牛，不会掀起多大风浪。”

遂抖抖缰绳催马登上小坝山顶。

在小坝山上，邓参将望见江东山西面诸小山坡、山岭状貌颇为神奇。他又到江东山仔细观察江东山脉，发现江云的一座小岭像展翅奔岭的一只飞燕。看准确定后，他立即命人从山岭状似燕脑部分的下边细处挖开一道横槽，截断燕脖子，破了这一号称“飞燕奔岭”的地脉。至今遗址尚存。

然后，他沿着江东山西麓往北逐一细致观察，当看到四合背后直去千米处，稻田上面从江东山主峰西边顺大箐槽子缓缓而下的山岭，再到田头荒坝高高凸起一只鹅脑包。他根据经验判定此山岭是一穴真正的大地“龙脉”，便差人去挖断鹅脑包后面连接的山岭。挖断后几天邓参将去观看，只见挖断处又恢复原状，毫无挖断痕迹。他继续派人再挖，谁知过了几天照样恢复原状。一连几次都是这样，邓子龙大惊失色，而又无计可施。他命人不停地挖，观察到底是什么原因。有一天，开挖作业的民工收工回到住地，大家刚坐下休息，其中一人突然想起随身包袱忘在工地上，便回工地去取。这时天色已经暗了下来，他捡起包袱正要往回走，突然听到工地上传来一阵狂笑：“千挖万挖我不怕，我只怕铜针铁插，歇三天湿水牛干涸，再也拿我没有办法！”看四下没有一个人，那工人以为是遇到了鬼，顿时吓得魂飞魄散，他尖叫着连滚带爬奔回住地，气喘吁吁地向邓参将报告了刚才听到的叫声。邓参将正在营地里计无所出，踌躇不安，听到民工的禀报，茅塞顿开。他开心地大吼一声，“原来如此！”他心里知道，是当地的地门龙神得意忘形暴露了自身秘密。邓参将重赏了那民工，当夜酣然而卧。第二天天亮后，他立即命随身卫士去寻找铁匠师傅，打造来一根三尺六寸长的铜针，七尺二寸长的铁插，用炉火烧得通红，然后从山包顶直接插下，完成后回到住地喝酒吃肉。第二天他带人再去看，只见整个小山坡的泥土就像被鲜血染红一样，坡脚的荒草坝变成一块沼泽地，地脉终于被破除。

后来，人们就把此处叫作“小红坡”“大汗坝”。

坝心月台的传说

相传，坝心村黄自成出身富足之家，衣食无忧，可从不纨绔花哨。他立身处世，严守父辈遗训。

有一年秋收结束后，黄自成将家庭事务安排妥当，便骑马前往云峰乌索坝收取佃租。由于他为人宽厚，性情豪爽，收取佃租从不斤斤计较，与佃农相处非常融洽。不到半月，租银就基本收取完毕。离开的前一天，黄自成筹备酒食，与众佃农一道晚餐，开怀畅饮，酒足饭饱之后，围着火塘闲话家常，直至深夜，大伙才依依不舍散去。夜深人静，黄自成把账目财物作了打理，才上床歇息。不多时便进入梦乡，他梦见一白发银须老翁驾一朵祥云从大西山顶峰向东缓缓飘来。飘至自家宅院三道门上空，老翁降下云头，健步破云而出，左顾右盼后，挥舞手中神笔描绘起来。只见一道长长的月牙形高台协调匀称，清晰地呈现在三道门前。片刻，老翁收起神笔，笑容慈祥，复又登上祥云，升至空中徐徐向西飘去，最后消失在大西山顶峰背后……美好梦境，黄自成醒来记忆犹新。

第二天，吃过早饭，黄自成辞别众佃农，骑上膘肥体壮的枣红马，踏上返乡路。当爬上柴头破时，不觉有些倦意，便下马在路边松树下掏出烟锅，抽袋烟稍事休息。放眼望去，居住地三道门清晰可见，仔细打量，仿佛与梦境中所现的月台一般无二，真是神奇。

回到家中，黄自成将梦中情景向家人细致述说，家人听了也觉得神奇。过了几天，黄自成决定按梦中情景进行设计、建造月台。经过初步核算，要建成梦中那种式样的月台，需石材至少在百方以上，全得靠人背马驮，谈何容易！可又认为既然是神仙指点，纵然困难重重，也得把月台建成。

主意打定，即日动工。就在开工的第二天，江东山的一块山岩自然坍塌，掉下来的岩石不计其数，黄自成心中暗喜，这难道是天意？他请来几个身强力壮的白族男子（当时人们称之为代里子），从江东山下塌方处搬运石料，又请来能工巧匠，苦干百日，终于将三道门前月台镶砌而成。搬运来倒塌的石头，刚好够修建月台，可不能不算是奇迹！

黄自成膝下有三子金诏、金策、金波，后来父子四人齐心协力，沿月台顺势建盖 24 间跑马楼。楼前鱼塘，水清如镜，内建有六角湖心亭，可以供人观鱼休闲，还可悬挂箭靶，让家族子孙跑马射箭，习练武艺。可惜 24 间跑马楼后毁于大火，无以恢复。

◉ 碑刻

江东山永保水源碑[①]刻

署云南永昌府腾越州　级纪录六次奎批仰

署云南永昌府腾越州　督补厅加三级纪录六次杨

① 此碑原立于江东白羊寺内，现置于爱国新寨完全小学内。碑高 1.96 米，宽 0.71 米。

为出示晓谕以准勒石。嘉庆十三年四月十四日，赤石坪屯生员黄席珍、段光国，监员黄伟珍、黄相珍，吏员陈常及士庶人等禀，惟邀恩赏示，永保水源事切。垦亩未开，沟洫先设；款饶赋食，须获水源。惟兹赤石坪屯河低田高，全赖箐水灌溉。屯后官山，漕岭树荫林覆，方浸泽发生。况原据东至桌面石，南至石子坡，西至赤石坪屯，北至滥泥坝。四至之内，均系官山。山边一派水源，均皆保蓄禁伐，山心百里地土，任人刀耕火种，放牧采樵，不相互阻。至若就地民人，迁葬坟墓，只容禁步拜祭，不得以坟占山。今生民等禁旧处所，上至三大岔分水岭，下至红崖面山山头箐底，先人蓄植根本，后世保养发茂。稍积公银，原各修沟堤之资，轮流收放，不容乡人作计而生端。州宪已蒙批送，台前托追给领合屯顶祝，焉敢顺渎？但恐事久变迁，惟乡屯禁约，屡不若上宪告示，片纸永垂久远。爰伸再叩伏祈详请赐示严禁，俯准勒石碑。庶水源无砍伐侵占之虞，田土膏腴之幸，则山川草木悉荷生成，力田农民同沾惠泽。为此上禀等情，据此除详明堂宪立案外，合行出示，勒石严禁。为此示仰该屯士庶居民人等知悉，所有该山漕岭树株有关水源处，只得栽培，严禁不得擅行砍伐。如敢故逞强伐盗砍，准许该屯士民指名禀报，严拿究办，决不姑宽。各宜禀遵毋违。特此合屯士庶，奉此遵依，勒石永垂不朽云。

特具禀请示士庶：

生员：黄席珍、黄自森、张开甫、段光国、黄自蕃、陈　华、段光祖、黄自芹、杨德显、黄国臣、黄安邦、黄祚清、陈　苍、黄自超、陈子安、黄子湘、杨厚美

监员：黄伟珍、黄自天、张开荣、陈仕凡、李杨春、黄自修

吏员：黄相珍、陈常、黄美文、杨德珍、黄自春、黄聪、黄子成、黄芳殿、

黄自杨、杨王明、黄自显、黄赞殿、黄祚美、黄荣邦、黄自珍、黄子召、黄瑞甲、杨翠美

案载工房

此碑因咸丰间兵燹焚坏恐后无据故重勒

大清嘉庆十三年（1808）岁载戊辰季秋月朔九日合屯士庶同立

天生桥志

流水成江分两岸，侧石造桥连东西。

历经沧桑为坦途，惠顾两岸亘古基。

江东黄、杨、陈、张四大姓，明初入驻，历经五百余年沧桑、繁衍发展。历代文武

志士层出不穷，为其外界交往联姻谋求更大的发展。入住不久便在龙江上游选址架桥。由于所选位置狭窄，利于架桥，故取名天生桥。开始取木造桥，解决人畜交通之便。后于 1822 年在两岸志士仁人的倡导下，广泛集资，改建为石拱桥。经壹百贰拾年，于 1942 年（壬午）日军攻占腾冲，在抗战中被炸毁。为解决两岸人民临时交往，在上游龙马跳造便桥，雨季被洪水冲走。于次年冬季两岸有识之士再次取木捐资架设木桥，通行 43 年。解放后在各级党委、政府的领导下，江东、爱国、甸苴三个大队，党员、干部、群众的再度努力筹建石桥。因桥址狭窄，水流受阻，爱国部分村寨每年遭受洪灾。为解决泄洪之难，故新凿西孔于排洪。故改名为洪卫大桥。1965 年底兴工，1967 年 8 月竣工使用。由于历史的局限，设计高度不够，致使桥两头两道坡度太大，交通困难。特别对江东的发展制约很大。于 2000 年 2 月，在各级党委、政府的领导下，得到交通部门的支持和广大有识之士的捐助，按国家公路标准设计，再次将桥加高 1.34 米，两头落低坡度，才形成今日之路面，以促其两岸的交往和江东之发展。为使其后人了解建桥之沧桑，加深护桥爱路之念，特立碑于示。

（捐款人名单略）

一地金黄（2011年）

树下留影（2012年）

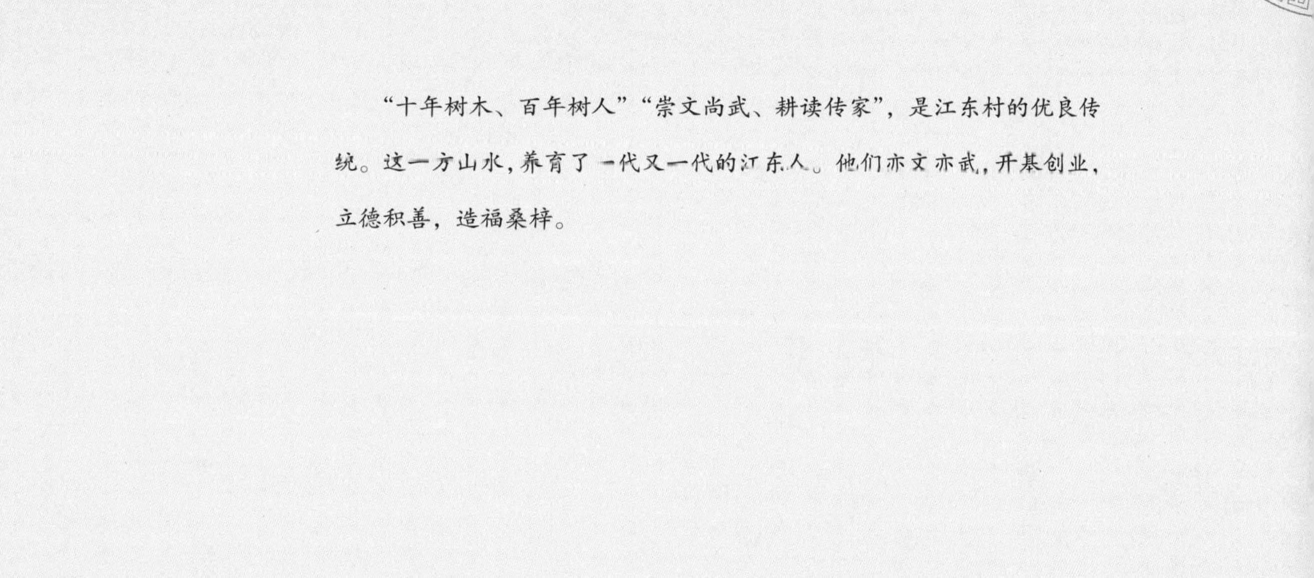

名人与名村

“十年树木、百年树人”“崇文尚武、耕读传家”，是江东村的优良传统。这一方山水，养育了一代又一代的江东人。他们亦文亦武，开基创业，立德积善，造福桑梓。

◉ 人物传略

黄麟（1408—1478） 据《金华黄氏腾冲世系家谱》记载，黄麟原籍湖南长沙滐湾镇。字延瑞，号见野，明永乐六年（1408）生。岁贡生出任军职，驻军四川，剿匪、维持地方治安，屡立军功，敕封武德将军，后钦调云南广南卫（今文山广南县），任千户。因麓川土司思任发起兵叛乱，明正统六年（1441）随王骥奉调入腾平叛。三征麓川后，腾越成立军民指挥使司，黄麟负责军事，坐镇腾城。为纪念腾冲石城竣工，于景泰元年（1450）铸军民指挥使司钟（又称侯琎钟），黄麟为监铸官，在钟体上有“监铸官：武德将军广南卫黄麟”之铭文。

明成化十四年（1478），黄麟逝世。原葬于来凤山北麓油街坡，后迁葬于侍郎坝黄氏陵园。

段斐勋（1692—1750） 大沟桥人。字琼章，段氏第二代先祖，睿智聪颖，广学识，多辩才，屡赴永昌府参考，惜皆不中。清康熙年间（1662—1722），段斐勋与黄兴富、陈益兆二人共同努力，解决了江东山的权属分配问题，赢得了几百年的安宁局面。雍正九年（1731），段斐勋经多方努力，再次争回江东已被别人占去的百亩山地墓地，后作村民墓地使用。据其墓志载，在 36 年间，他曾办理大小官司 72 场，从无败绩，实属罕见，广为流传。

黄璋殿（1733—1817） 坝心人。字琳宇，黄麟第十五世孙，生员，雍正十一年（1733）生。他自幼聪慧，善思索。入私塾后勤勉好学，博览群书，喜舞刀弄棍。嘉庆五年（1800），经兵部尚书兼都察院云贵总督部堂书、兵部侍郎兼都察院云南巡抚部院初咨准，获钦赐“乡饮介宾”“作宾王家”“王祐万民”匾额，以示嘉勉。返乡后，他在庄外广种松柏，修桥补路，乐善好施，泽被后世。

杨成纪（生卒年不详） 下杨家人。生于清道光年间（1821—1850）。杨成纪为杨氏第十七代传人，少时不喜读书，好舞枪弄棒，相传其身材魁梧，力大无穷。16 岁时，他自愿从军，先在县衙服役。龙陵有匪患，被调派南甸武装参加剿匪。成纪作战勇猛，斩杀匪首多名，残匪败绩，始有军功。后回腾守卫，又多次出击清剿小股强盗，屡有胜绩。后得参将蒋相士保禀军政司，于同治九年（1870）十二月初四获功牌，赏八品军功顶戴以示奖励（有功牌遗件）。后有升赏，调县府守卫，解甲归田，去世后葬于杨家祖茔。

陈生明（1875—1959） 陈家寨人。字光耀，自幼胆识过人，以德勤俭治家，四世同堂，家境殷实家族和睦。在江东率先成立大马帮，选准了从腾冲至云龙的贸易路线。他把腾冲三联的土陶、缅甸的大布等运到云龙，又从云龙运盐至腾冲。陈生明的大马帮队伍逐渐壮大，马匹由原来的十几匹增至三四十匹，马锅头由原来几人增加至十几人。1942 年，日军入侵，腾冲沦陷，在此期间，腾冲县政府在界头街办公，陈家大马帮队被县长张问德派去运送军火、粮食等，为滇西抗战作出了贡献。

黄茂堂（1896—1951） 坝心人。字汝丰，少时家境贫寒，遂辍学务农，农闲时做些小本经营。因其秉性忠直豪爽，地方士绅、远近商贾皆乐与之交往。后出任江龙镇镇长，曾有巨商杨某在固东街私设盐局垄断食盐购销，高抬价格，私运私卖，人们不堪忍受其高利剥削之苦，深恶痛绝。黄茂堂挺身而出，联合士绅策谋，先与杨某私设之盐局谈判，继而到县政府为民请愿，终捣毁伪盐局，恢复正常的盐市交易秩序，黄茂堂声望益著。1926 年，黄茂堂当选东坪镇副镇长，次年任镇长。其在任期间一直主张培养文化青年，同时关心民众疾苦。日军侵腾期间，四方难民流离失所，黄茂堂亲临难民间做安抚工作。黄茂堂废除了坝心村“姑娘不得招赘在家”的封建习俗。

黄志堂（1907—1972） 坝心人。兄弟排行第八而得名，人称黄老八，1927 年应召入伍，加入滇军，时值龙云驱逐唐继尧，独揽云南军政大权。黄志堂入伍后在昆明干海子（现昆明海埂）训练半年，后编入昆明守备部队，3 年后退伍回家。1932 年，第二次入伍，军长为卢汉，后被派到镇南关防守。1938 年，跟随卢汉率领的六十军参加台儿庄战役。1948 年，随军长曾泽生率领的部队到东北长春，曾军长不愿打内战，率领六十军全军将士起义，编入解放军，番号为六十军。1950 年，六十军被派往朝鲜，参加抗美援朝战争。1953 年黄志堂从朝鲜回国，不久退伍回家。1972 年去世。

黄之茂（1919—1991） 坝心人。字子美，幼读私塾，有神童之称。他先就读华南中学，后考入腾越一中（现腾冲一中），学成返乡，先后在白羊寺、鬼磨针开馆办学，广收四乡儿童就读，贫困生免费，特困生提供食宿。在教学中主张禁止体罚、辱骂学生，提倡男女平等，首收女生入学，始用班级制，儿童按年龄大小分班，因材施教。科目增设算术、地理、历史、常识、应用文等科。四乡八寨慕其声名，纷纷送子女于门下求学，抗战前达到鼎盛。后因日军入侵学馆停办两年。1945 年抗战胜利，学馆在黄之茂的号召主持下复学。1950 年学校转为公办。黄之茂后弃教从农。1991 年病逝。

黄启春（1923—2017） 大沟边人。7 岁入私塾，谙熟古文、演算，是当时寨子里为数不多的识文断字者。1942年，日军侵犯腾冲，黄启春应征入伍，编入预二师作战部队。他跟随部队先后在马鹿坡、空树河阻击日军，因其识字，奉调至团部军需处任文书，负责登记收发作战物资。1944 年下半年，黄启春因病未随军行，后一直在家务农。1950 年腾冲解放，黄启春参加农会，担任财粮职务，同时在互助组当会计。1958 年，黄启春应聘到江东小学当教师。1961 年大伙食堂解散，以自然村为单位成立生产队，黄启春担任生产队会计。1998 年，黄启春荣获抗战勋章。

人物名录

江东村名人表

表 3

姓名	性别	活动简介
杨体中	男	卜杨家人。江东老艺人杨连坤之孙，自幼受皮影艺术的熏陶，练就了一身过硬的皮影戏表演本领。1943 年，应抗日县长张问德邀请，到界头瓦甸街给预备二师表演《岳雷扫北》，希望将士们像岳家军一样保家卫国、奋勇杀敌，大大鼓舞了士气。1944 年，侵华日军住固东普楚寨，要杨体中等给日军唱皮影戏。祖孙二人最后商议唱《樊梨花征西》，暗示中国远征军很快就要打到腾冲。解放后，皮影艺术得到高度重视，杨体中担任江东皮影戏班班主，到各村寨表演皮影剧目
黄安镇	男	江云人。原江东完小校长，从教 40 年，1989 年退休，退休后不忘发挥余热，造福乡里。他带领大家探水源，引山泉。修了一条路到后山，总投资 31 万多元，全部由黄安镇、黄全志私人投资。他还引进外资，开发石灰石矿，造福江东。黄安镇与族中人合作，遍寻滇中黄姓村寨，搜集各种历史资料，深入研究，对照各种版本的记录情况，重新校正腾冲黄姓各支系的来龙去脉以及归属，编撰出版《黄氏源流》
黄之瑜	男	坝心人。1962 年 12 月参加中国人民解放军，连续五年被评为五好战士。1967 年 1 月抗美援越入越南参战，双眼受伤，是二等乙级残疾军人，荣立三等功。以出国部队代表身份参加 1968 年国庆观礼及周恩来总理主持的国庆会，受到毛泽东主席接见。1980 年转业到腾冲县人防办工作。曾两次参加中缅边界联检，多次被评为优秀共产党员和先进工作者。从 1992 年始致力于腾冲城市建设历史资料的拍摄积累及腾冲风景名胜旅游系列基础资料的拍摄整理，多次开办摄影展，1000 幅摄影作品入选各种报刊，其中多幅摄影作品在各类国际国内影赛、影展上展出或获奖。参加《腾冲县建设志》《边关军魂》的编纂工作并兼任摄影师。受聘于腾冲老年大学，任摄影教员
黄全中	男	大沟边人。长期从事教育工作，开办江东附设初中，为地方培育出一大批可用之才，1996 年被评为县级先进教师，并获得伍集成教育基金奖。退休后，他继续发挥余热，积极参加社会公益活动，《加快农业基本建设，实现农业现代化》等多篇论文在省、市刊物上发表
陈自逵	男	陈家寨人。从事教育 30 余年，开办江东附设初中，教书育人，成绩突出，1978 年被评为县级先进教师，1983 年被评为县级先进教育工作者。退休后，发挥余热，热心社会公益，积极为江东各项事业的发展献计献策，为地方经济、社会和文化事业的发展作出了贡献
黄之毅	男	坝心人。1984 年当选为江东小乡乡长，曾先后任村党支部书记、村主任、村党总支书记。任职期间致力于江东社会经济各项事业的发展。努力改善江东的水、电、路，带领村民植树造林，发展经济。1986 年引种大春粳稻，实现农民粮食自给自足；1988 年带头和积极发动种植烤烟，促进农民增收；1992 年主导设立和建设江东农村小集市；积极推动银杏树挂牌保护和江东旅游开发，为江东发展作出积极贡献。连续 9 年被授予固东镇“优秀共产党员”称号、连续 7 年被评为固东镇“优秀党务工作者”

其乐融融（2014年）

大事纪略

江东，这个从历史深处走出的传统古村落，在新时代不断发生着深刻的变化，基础设施日趋完善，旅游保护开发好戏连台。简明的大事纪略，记录着江东村的日新月异。如今，戍边古村正以其俗美风淳、自然之美的独特魅力，欣迎天下客。

1972 年江东正式通水电

1970 年 2 月，江东、爱国、和平、顺利、甸苴 5 个生产大队筹资筹劳，动工修建三叠水电站。1972 年 8 月，电站建成发电，总装机容量 120 千瓦。自此，江东结束了数百年来用松明、油灯照明的历史。

1992 年建设江东农村小集市

1992 年，在固东镇党委、政府及工商、供销部门的大力支持下，江东村依托原供销社门市，利用固东至江东坝心寨子头段道路，扩修后建设农村小集市，于 3 月 16 日正式开集，五天一集。随着江东旅游业的兴起，小街集市逐渐繁荣，2009 年 10 月，搬迁至村委会门前。2012 年，搬迁至江东完全小学南，小集市长 200 米，宽 12.5 米，街道为混凝土路面。

1996 年江东村开始大规模种植银杏

1996 年，全村开始规模种植银杏，是年在大坝子种植银杏 580 亩。1997 年，坝心在大松园种植银杏 130 亩，四合在黄鹤坝种植银杏 130 亩。1998 年，江东林场种植银杏 210 亩。

银杏成林

古树古巷

2005 年中美联合考察队在江东山发现大熊猫骨架化石

2005 年 11 月，中美联合考察队在腾冲江东山小水井、落水洞获得一批动物化石，其中包含一大熊猫的部分骨架化石。此发现表明，大熊猫在云南的生存直到全新世早期、中期。这是目前云南地区大熊猫发现的最晚纪录。

2007 年腾冲县固东镇江东村首批古银杏树挂牌保护仪式

2007 年 12 月 4 日，腾冲县固东镇江东村首批古银杏树挂牌保护仪式在陈家寨村前举行。保山市、腾冲县主要领导出席，市县两级旅游、文化、林业等主管部门、镇村代表参加。这是首次对江东村 50 余株树龄 300 年以上的古银杏树进行挂牌保护，揭开了江东发展乡村旅游的序幕。

固东镇江东村首批古银杏树挂牌保护仪式

扩建后的村委会

江东村办公场所搬迁、扩建

1949—1950 年，江东村办公地点在黄鹤坝。1950 年年底，从黄鹤坝迁至村民黄才金老家办公。1966 年，从黄才金家搬迁至马路口。1982 年，从马路口迁往现址小松园。2008 年 2 月，村委会扩建办公场所，于 10 月底建成投入使用。计建成木结构办公楼一栋 9 间，厨房一栋 3 间，旅游停车场 1 个，占地 2800 平方米，建筑面积 400 平方米，总投资 200 万元。

2009 年中国国际旅游交易会代表到江东考察

2009 年 11 月 19 日至 22 日中国国际旅游交易会在昆明举行。94 个国家和地区的参展商参展，交易会有来自 18 个国家和地区的 20 名部级以上贵宾出席。世界旅游组织、亚太旅游协会、南太旅游组织和加勒比旅游组织等 7 个国际组织的负责人参会，1192 家海外参展单位参加。旅游交易会期间参会的国家和地区领导、各旅游组织负责人到江东银杏村进行了考察。

◉ 江东大沟全线兴修工程

1958年11月，经县水工队测量定线，中共固东区委组织受益区的河头、爱国、江东以及非受益区的甸苴、罗坪、新河等乡投工兴修江东大沟，历时93天建成通水。渠长24.5千米，流量为1立方米/秒，灌溉爱国、江东两乡水田3488亩。1964年，又进行全面维修，镶砌险要沟段，建设交叉工程，灌溉面积增加到6056亩。“农业学大寨”期间，曲石公社接江东大沟尾将水引到江南盐井坝，经过两年奋战，水沟修通。1979—1980年，将原江东大沟沟头至平盏扩至2.5米，平盏至江东尾2米。1991年，滇西南农业综合开发项目投资25万元，修复部分水毁工程。1992年，国家商品粮基地建设项目投资35万元，修复部分水毁工程。2010年，腾北中型灌区项目投资1100万元，对江东大沟全线三面、四面整修，沟头至平盏保持2.5米的宽度，平盏至沉砂池宽2米，沉砂池至江东大沟尾1.6米。

◉ 2010年江东村被评为“云南省文化惠民示范村”

云南省文化惠民示范村创建活动，建设具有导向性、示范性、普惠性、长效性的“文化惠民示范村”，推动农村文化发展繁荣和经济社会协调发展。江东村作为全省首批38个“云南省文化惠民示范村”创建点之一，于2010年3月15日在江东坝心自然村月台隆重举行启动仪式，同年江东村被评为“云南省文化惠民示范村”。

2010年江东村被评为云南省文化惠民示范村

2010 年江东村成为云南省首批旅游特色村　　2012 年江东村获评全国生态文化村

2010 年江东村被评为云南省首批“旅游特色村”

为全面提升乡村旅游发展水平和质量，形成消费大众化、产品特色化、发展产业化、服务规范化、效益多元化的发展格局。依据《云南省乡村旅游发展规划》《云南省乡村旅游建设与评价标准》，2010 年 10 月 14 日，在楚雄彝族自治州永仁县举行云南省乡村旅游工作会议上，省政府为验收合格的首批 50 个旅游特色村颁发了统一制造的标识牌。江东村成为全省首批 50 个旅游特色村之一。

2012 年江东村荣获“全国生态文化村”称号

“全国生态文化村”创建遴选命名活动，由中国生态文化协会组织，活动每年开展一次。2012 年，保山市腾冲县固东镇江东村凭借良好的生态环境、繁荣的生态文化、兴旺的生态产业，荣获“全国生态文化村”称号。

江东古银杏园旅游风景区二级公路修建、通车

2010 年 7 月 29 日，江东古银杏园旅游风景区二级公路在江东停车场举行开工典礼。公路起始于腾板公路 K27+400 米处，止于江东银杏王广场，全长 6.647 千米，路面宽 8.5 ~ 12 米。路中架设的银杏桥全长 160 米，宽 11 米，跨径 88 米，为腾冲首座空腹钢筋混凝土拱架立体台式平梁结构桥，主桥由 14 节混凝土衔连而成，路面结构为柏油路面。2013 年 10 月 26 日，大桥竣工，公路全线通车。工程审核总投资 5573.66 万元。江

东村至腾冲市人民政府的公路里程缩短至 35 千米。

固东镇江东完全小学整体搬迁

固东镇江东完小始建于 1951 年，历经几次变迁，迁至陈家寨。2011 年 3 月，经腾冲县教育局、固东镇人民政府、固东中心学校、江东村委会、江东完小达成一致，江东完小由陈家寨整体搬迁至茶子园新建，并配套建设江东幼儿园，将原固东镇江东完小的所有土地及房产公开出让给成都嘉润集团。2013 年 3 月 1 日，固东镇江东完全小学 319 名小学生、幼儿园 127 名幼儿正式迁入新校址学习。学校占地面积 16008 平方米，建筑面积 3667.4 平方米，建有教学楼 1 幢、综合楼 1 幢、宿舍楼 1 幢，配套建设幼儿园及围墙、大门、食堂、厕所、绿化、运动场，总投资 1140 万元。

2014 年江东社区荣获“云南十大刺绣名村镇（乡）”荣誉称号

为推动云南民族刺绣传承保护和发展，创意云南 2014 文化产业博览会组委会委托云南日报报业集团承办“针尖上的云南刺绣大赛暨云南十大刺绣名村镇”评选活动。2014 年 7 月 8 日，江东社区荣获“云南十大刺绣名村镇（乡）”荣誉称号。

江东乡村旅游保护与开发

2009 年 11 月，江东村依托丰富的古银杏、厚重的古村落资源，引资成立腾冲江东古银杏文化旅游发展有限公司，首开江东乡村旅游市场化保护与开发之先河。

2015 年 8 月，腾冲县盛源旅游文化投资开发有限公司与固东镇同德集镇开发服务中心、固东镇江东社区村民委员会共同出资，成立腾冲四季江东景区开发管理有限责任公司，对江东银杏村的乡村旅游进行统一规划和开发管理，打造“中国银杏第一村”和“全国最有魅力休闲乡村”。

2017 年 7 月，引资成立腾冲东方银杏旅游开发管理有限公司，推动江东传统村落向规范性景区的升级。

◉ 2017 年江东村被评为“中国美丽休闲乡村”

2017 年 9 月，农业部组织开展中国美丽休闲乡村推介活动。经过地方推荐、专家审核和网上公示等程序，12 月 5 日，在四川省武胜县召开中国美丽休闲乡村建设现场经验交流会，对被评为“2017 年中国美丽休闲乡村”的 150 个乡村进行授牌，江东银杏村成为 41 个“特色民居村”之一。

◉ 2017 年江东银杏村获“中国最美银杏村落”称号

为弘扬银杏历史文化，增强生态文明意识，建设美丽中国，中国林学会开展“寻找中国最美银杏村落”活动，全国有 11 个村落被推选为“中国最美银杏村落”。在 2017 年 11 月 15 至 17 日举办的第五届中国（安陆）银杏节暨“李白故里 银杏之乡”金秋文化之旅活动中，中国林学会进行了“中国最美银杏村落”授牌仪式，腾冲市固东镇江东银杏村获“中国最美银杏村落”殊荣。

附录

固东镇江东旅游小镇建设实施方案（节选）[①]

为开发利用固东镇江东村以古银杏树为特色的旅游资源，全面加快固东镇江东旅游小镇建设，统筹推进各项工作的落实，特制定本实施方案。

一、建设目标

坚持新农村建设与旅游小镇建设相结合的思路，按照新农村建设“二十字”总体要求和村级“五句话”指导意见，强化基础设施建设，开发文化旅游产品，引导村民有序参与旅游开发，提升旅游服务质量和水平，突出风貌和特色，将江东旅游小镇打造成第二个“和顺”，成为腾冲县又一个独具特色的旅游景区。

二、组织领导

为加强对各个建设项目的组织领导，快速推进建设进度，成立江东旅游小镇建设工作领导小组。

组　长：段生荣　县委副书记

副组长：黄佳斌　县委常委、政法委书记

段兆锦　县委常委、常务副县长

娄广文　县人民检察院检察长

廖宁昌　固东镇党委书记

成　员：李　龙　县委办副主任

鲁孟浦　县政府办副主任

杨根凡　县纪委副书记、监察局局长

孟学维　县委宣传部副部长

杨积初　县委政研室主任

尹洪升　县国土局局长

刘世伦　县发改局局长

郭　甦　县教育局局长

① 方案节选自《中共腾冲县委办公室腾冲县人民政府办公室关于印发固东镇江东旅游小镇建设实施方案的通知》腾办发〔2011〕37 号文件，2011 年 9 月印发。

李　富　县建设局局长

濮应秘　县财政局局长

马文寿　县交通局局长

章明德　县农业局局长

周兴舜　县畜牧局局长

张维传　县林业局局长

杜家良　县水务局局长

伯绍勤　县文广局局长

段生乐　县环保局局长

周　特　县旅游局局长

郭　甄　县扶贫办主任

虞祖学　县新农办主任

李继才　固东镇镇长

领导小组下设办公室在固东镇江东村委会，由廖宁昌同志兼任办公室主任，虞祖学、周特二同志兼任办公室副主任，具体负责日常工作。

三、建设项目

（一）景观打造提升及村庄环境综合整治项目

建设内容：一是水景打造；二是环境美化；三是标志性景观建设。

组　长：段兆锦　县委常委、常务副县长

副组长：虞祖学　县新农办主任

周　特　县旅游局局长

李　富　县建设局局长

伯绍勤　县文广局局长

杜家良　县水务局局长

段生乐　县环保局局长

廖宁昌　固东镇党委书记

工作人员：从新农办、旅游局、建设局、文广局、水务局、环保局、固东镇抽调。

时间要求：到 2012 年 10 月底，旅游小镇环境明显提升，初现成效；标志性景观建设初步完成。

（二）江东旅游核心区风貌改造项目

建设内容：一是对核心区进行村容村貌改造；二是对旅游环 线进行规范整治。

组　长：李　富　县建设局局长

副组长：车运舒　县林业局党委书记

　　　　赵国兴　固东镇纪委书记

工作人员：从建设局、林业局、新农办、政研室、固东镇抽调。

时间要求：2011 年 11 月 15 日前完成总工程量的 80%。

（三）基础设施建设项目

建设内容：一是完成银杏路第一标段路基、路面和第二标段大桥建设；二是完成天生桥至坝心自然村旅游道路建设；三是完成银杏路至坝心中寨至陈家寨旅游环线道路建设；四是完成停车场、旅游厕所及陈家寨文化活动广场建设。

组　长：马义寿　县交通局局长

副组长：伯绍勤　县文广局局长

　　　　钏兴宏　固东镇副镇长

工作人员：从交通局、文广局、建设局、旅游局、固东镇抽调。

时间要求：银杏路第二标段 2011 年 11 月开工建设，2012 年 10 月竣工投入使用，其他建设内容 2011 年 11 月底完成。

（四）江东完小整体搬迁项目

建设内容：一是完成江东完小教学楼、综合楼、教师宿舍的建设；二是完成学校大门、围墙及附属设施。

组　长：郭　甦　县教育局局长

副组长：李继才　固东镇镇长

工作人员：从教育局、固东镇抽调。

时间要求：2012 年春季开学前工程竣工投入使用。

（五）江东万头生猪养殖场建设项目

建设内容：完成猪场建设，实现规模化养殖。

组　长：周兴舜　县畜牧局局长

副组长：张占映　固东镇副镇长、江东社区党总支书记

工作人员：从畜牧局、固东镇抽调。

时间要求：2011 年 10 月开工建设，2012 年 6 月建成投入使用。

（六）江东民俗文化挖掘、整理、提升和展示项目

建设内容：对腾冲戍边文化、固东范围内的民俗文化（包含风俗、风情、风味、风物等方面）进行收集整理，通过策划、提升、包装后在江东进行集中展示。

组　长：伯绍勤　县文广局局长

副组长：周　特　县旅游局局长

　　　　孟学维　县委宣传部副部长

　　　　杨世权　县文广局副局长

　　　　陈　青　固东镇副镇长

工作人员：从宣传部、文广局、旅游局、固东镇抽调。

时间要求：2012 年底完成。

（七）旅游标准化服务项目

建设内容：对江东旅游小镇内的旅游线路、农家乐、民居旅馆进行规划和建设，规范旅游标识，进行旅游标准化服务培训。

组　长：周　特　县旅游局局长

副组长：余在恒　县建设局副局长、规划局局长

工作人员：从旅游局、建设局、固东镇抽调。

时间要求：2012 年 6 月底完成。

（八）嘉润集团江东旅游风景区建设项目

建设内容：项目规划所涉内容

组　　长：黄佳斌　县委常委、政法委书记

第一副组长：娄广文　县人民检察院检察长

副　组　长：周　特　县旅游局局长

　　　　　　李继才　固东镇镇长

　　　　　　李树彬　腾冲嘉润置业有限公司副总经理

工作人员：从旅游局、建设局、发改局、固东镇、腾冲嘉润置业有限公司抽调。

时间要求：2011 年 10 月完成项目规划设计及评审工作；2011 年 11 月启动征地拆迁工作；2012 年年初项目开工建设。

四、相关要求

1. 领导小组要加强组织领导，认真研究解决项目实施过程 中遇到的困难和问题；各成员单位要密切合作，形成工作合力；各组组长要切实负起责任，细化项目建设实施方案，拿出切实可行的工作计划报领导小组办公室；要采取有力措施，加快推进项目建设进度，确保按时完成。

2. 固东镇负责征地拆迁、矛盾纠纷化解、群众宣传发动等工作。要通过广泛、深入、细致地宣传和动员，切实增强广大群众参与旅游小镇建设的积极性和自觉性，努力营造全面推进旅游小镇建设的浓厚氛围。

3. 县纪委、县委督查室、县政府督查室要对江东旅游小镇建设项目进行定期、不定期的督查，对重视不够、人员不到位、措施不力、进度缓慢的单位和个人按相关规定进行问责。

江东办事处银杏发展管理公约

为保证江东办事处的银杏能更快更好的发展，使之成为江东经济振兴的一大支柱产业。根据江东实际，计划到 2010 年发展到 2000 亩。1996 年经报请各级党委、政府及林业部门批准。帮助扶持发展约 700 亩，计划 1997 年再申请发展 500 亩。为做到三分种、七分管，使之尽快发挥积极效益，特制定本公约：

一、根据土地承包实际，采取集体统一规划发展。土地承包农户投资投劳，种植、收益权归种植农户支配。按照面积交纳各种管理费用。

二、为保证农户种植后，能尽快见到效益，由办事处统一组织管理。向有关部门联系各方面的技术指导，即嫁接、施肥、修剪等事项。

三、森林法第九条规定：植树造林，保护森林是公民应尽的义务。要求全体村民积极配合管理。

四、根据森林法第十九条规定：禁止毁林开垦和采石、采砂、采土以及其他毁林行为。禁止在幼林地和特种用途林内砍柴放牧。对私自放牛、马、骡、猪进入营林区内造成损失的，按镇规民约第二十九条、第三十条及森林法第三十四条之规定每头处以 10 ~ 30 元的管理费。

五、根据森林法第二十三条规定："谁种植收益权归谁所有的原则"，"严格禁止偷

温馨时光（2007年）

盗树株及果实”，违者按每株5～10元，每斤按10～30元计算罚款，除退还原物外，加收2～5倍的违约管理费。不服的或情节严重的交上级有关单位依法论处。

六、根据各户承包土地面积零星小片，将来成林后树枝交叉，果实落在谁的承包面积上归谁所有。

七、管护人员必须尽职尽责，禁止拾取他人果实。失职者，按以上规定论处。

八、为认真加强管护，尽快收到效益，管护人员工时费，按实有树株计算。同时按当年计划开支经济需要由各社向各户收取，再交办事处统一开支。

九、各农户也要尽力协助好管理、接受技术指导。加强学习，按科学施肥、嫁接、修剪。配合各单位做好各项协调工作。

十、若不按时交纳管理费的户，造成损失的，管理人员及办事处有权拒绝解决。

十一、本公约随着时间的前进、社会的发展，按需要进行修改。

十二、各农户必须认真学习，自觉遵守。

本公约自一九九六年十二月十日起执行。

江东办事处

1996年12月10日

◉ 主要参考文献

1. 腾冲县志编纂委员会编 :《腾冲县志》，中华书局，1995 年。

2. 腾冲县人民政府编 :《云南省腾冲县地名志》，1982 年。

3. 曹福亮主编 :《中国银杏志》，中国林业出版社，2007 年。

4. 郝止治著 :《汉族移民入滇史话——南京柳树湾高石坎（续集）》，云南大学出版社，2014 年。

◉ 编纂始末

治郡县者，以志为鉴。新时代，乡村振兴如春潮涌动。2017 年 1 月 24 日，《中国名村志丛书 · 江东村志》编纂工作启动会在腾冲官房大酒店召开，中国地方志指导小组办公室主任冀祥德、云南省地方志办公室主任任玉华、腾冲市人民政府市长庄宇等领导出席。2017 年 2 月，固东镇成立江东村志编纂委员会，制定编纂方案，召集乡贤搜集资料。2017 年 3 月，中国地方志指导小组办公室公布入选中国名村志文化工程丛书村志名单，《中国名村志丛书 · 江东村志》成为云南省首部。9 月，首轮资料征集结束，编辑完成第一稿，此阶段工作主要由北京国人书院完成。2018 年 1 月，依据《中国名村志丛书编纂规范》的总体要求，在深入调查、广泛征求意见的基础上，由腾冲市史志委、固东镇人民政府牵头，对书稿的篇目、内容进行了调整，设基本村情、乡村旅游、民风民俗、艺文杂记、姓氏家谱、大事纪略、附录等八个章节，充分突出江东村人与自然天人合一、和谐共生的自然法则，彰显中原传统汉文化在江东的传承。编审过程中，中国地方志指导小组办公室陈旭、杨海峰，方志出版社李江，全国地方志专家王铁鹏、保山市史志委杨艳萍、腾越文化研究会刘正龙、邵曰能等人对全书进行了审读、审查，提出了许多宝贵的意见、建议。编纂人员多次实地深入神奇古老的江东山、六百年的古村落、鬼斧神工的火山峡谷进行田野调查，形成了许多精美的图片资料。本志的概述和无题小序由刘正龙撰写。封面中国画“银杏之秋”是云南省著名画家寇子皓先生的作品，此画曾在“2013 年纽约国际艺术博览会”上荣获金奖。

2018 年 3 月，固东镇人民政府组织召开《中国名村志丛书 · 江东村志》评审会，形成送审稿。在此基础上，依次送腾冲市史志委初审、保山市史志委复审，最终经云南省地方志办公室终审同意，上报中国地方志指导小组办公室中国名村志文化工程办公室。

志书付印之际，在此谨向为本志付出辛勤劳动和提供资料图片的所有人士，致以衷心的感谢！慎思溯源、以志鉴今。编纂《中国名村志丛书·江东村志》是一种新的尝试，既是为江东今后的旅游保护与开发提供借鉴，也是为了留住那里的一山一水、一花一木，乡音乡情、田园炊烟，留住江东儿女梦境中的乡愁。虽然全体编纂人员付出了艰辛努力，十易其稿，但由于编辑人员经验不足、水平有限，书中尚有不尽如人意甚至错误之处，敬请各级领导、方志专家、修志同仁、社会各界人士和广大读者批评谅解，并给予指正。

编　者

2018 年 6 月